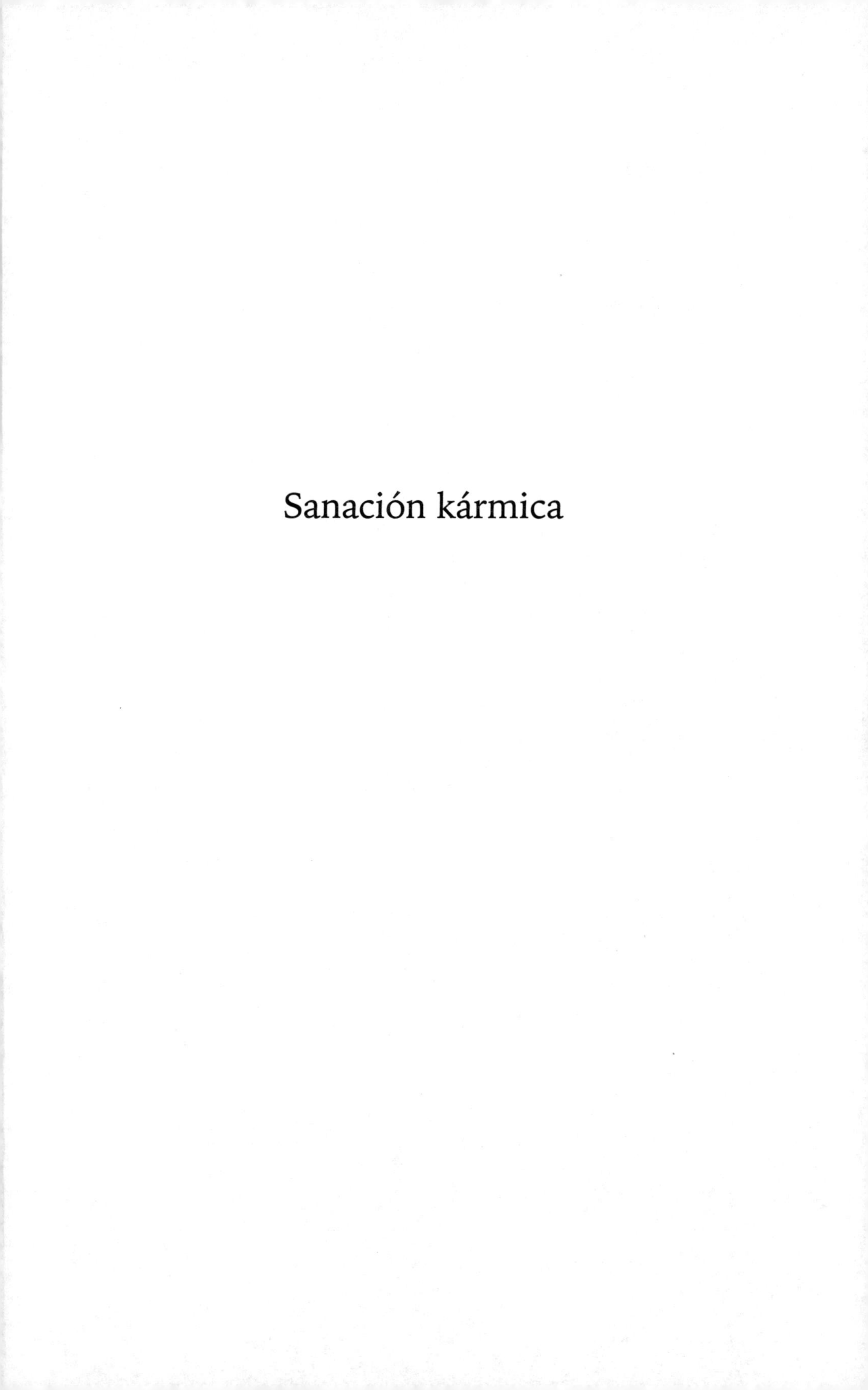

Sanación kármica

DJUNA WOJTON

Sanación kármica

Cómo tomar la decisión correcta puede crear una felicidad duradera

EDICIONES OBELISCO

Si este libro le ha interesado y desea que le mantengamos informado de nuestras publicaciones, escríbanos indicándonos qué temas son de su interés (Astrología, Autoayuda, Ciencias Ocultas, Artes Marciales, Naturismo, Espiritualidad, Tradición...) y gustosamente le complaceremos.

Puede consultar nuestro catálogo en www.edicionesobelisco.com

Los editores no han comprobado ni la eficacia ni el resultado de las recetas, productos, fórmulas técnicas, ejercicios o similares contenidos en este libro. Instan a los lectores a consultar al médico o especialista de la salud ante cualquier duda que surja. No asumen, por lo tanto, responsabilidad alguna en cuanto a su utilización ni realizan asesoramiento al respecto.

Colección Salud y Vida Natural
Sanación kármica
Djuna Wojton

1.ª edición: marzo de 2018

Título original: *Karmic Healing. Cleaning Past-Life Blocks to Present-Day Love, Healt and Happiness*

Traducción: *Juan Carlos Ruíz*
Corrección: *M.ª Jesús Rodríguez*
Maquetación: *Juan Bejarano*
Diseño de cubierta: *Enrique Iborra*

Edita: Ediciones Obelisco, S. L.
Collita, 23-25 - Pol. Ind. Molí de la Bastida
08191 Rubí - Barcelona - España
Tel. 93 309 85 25 - Fax 93 309 85 23
E-mail: info@edicionesobelisco.com

ISBN: 978-84-9111-313-3
Depósito Legal: B-3.190-2018

Printed in Spain

Impreso en España en los talleres gráficos de Romanyà/Valls, S.A.
Verdaguer, 1 - 08786 Capellades (Barcelona)

Este libro está dedicado a mi marido, Bruce, por su tranquila presencia, su amor y su apoyo incondicional.

Agradecimientos

Quiero dar las gracias a todos los que han contribuido a la eleboración este libro. Han sido muchos. No podría haber escrito *Sanación kármica* sin el apoyo de mi comunidad.

En primer lugar, me gustaría dar las gracias a mis clientes y alumnos por el honor y el privilegio de formar parte de su proceso de sanación y transformación. Quiero agradecer vuestra generosidad al compartir las historias que han permitido que otros puedan curarse.

Estoy agradecida a todos mis maestros (los que están vivos y los que están presentes en espíritu), que me han aportado su conocimiento, de forma que pueda ser útil a la humanidad. Gracias a Sheila Reynolds, Sandra Stevens y Evelyn Isador por iniciarme en la regresión a vidas pasadas. Gracias especialmente a Tish y Joel Pacman por las enseñanzas relacionadas con las flores. También expreso una profunda gratitud por todas las flores y sus esencias curativas.

Me gustaría dar las gracias a mi agente, Diane Gedymin, por su dedicación a este libro. Agradezco mucho toda su experiencia y consejos, y que haya tenido fe en mí.

Me gustaría dar las gracias a todo el equipo de Crossing Press, especialmente a Jo Ann Deck y a mis editores, Shirley Coe, Carrie Rodrigues y Brie Mazurek, por su brillantez. También me gustaría dar las gracias a Lisa Buckley por el diseño de la portada, y a Michael Cutter por su diseño del libro.

Muchas gracias a los amigos que se han implicado en el proceso de redacción de este libro. Agradezco que os hayáis quitado tiempo de vuestras apretadas agendas para leer y ofrecer sugerencias creativas sobre la obra. Habéis estado siempre presentes cuando os he necesitado, dándome ánimos o consejos editoriales. Vuestra fe en esta obra me dio fuerzas para llegar más allá de lo que pensaba que podía hacer. Un agradecimiento especial a M. L. Polak, Lucartha Kohler, Brigitta Herrmann, doctor Elliot Diamond, Susan Gale y Deborah

Hofmann. Helen Shonbrun fue también de gran valor para ayudarme en la propuesta del libro y los capítulos iniciales.

Quiero dar las gracias a quienes contribuyeron al libro, cuando era sólo un proyecto, especialmente a Natalie Shapiro por su labor de edición mientras dormía su bebé, y a Marcella Landres por darme ánimos.

Siento un profundo aprecio por quienes me han ayudado durante el proceso de creación de este libro. Gracias a mi marido, Bruce Pollock; a mi grupo de reiki; a mi fisioterapeuta, Kaye Seger; a Monteo Myers por sus piedras curativas; a mi terapeuta de feldenkrais, Joe Ankenbrand; y a mi acupuntor, el doctor Cheng-hui Zhu.

Me gustaría dar las gracias también a mi comunidad de Landmark Education, que me ha enseñado a ser imparable cuando las cosas se han puesto difíciles.

Y, por encima de todo, estoy muy agradecida a mis padres, Stanley y Stella Wojton, por impulsarme a emprender mi viaje de sanación kármica.

Introducción

Profundizando en lo desconocido

Quieres que tu vida tenga sentido. Tal vez te preguntes a veces: «¿tengo alguna razón para estar aquí en la Tierra?». O quizás la vida te ha resultado tan dura que te preguntas a ti mismo: «soy una buena persona, ¿por qué mi vida es tan difícil?». ¿Cómo puede beneficiarte este libro? Utilizar las técnicas de sanación kármica que presento aquí –que he desarrollado durante mis años de práctica– ha ayudado a muchas personas a encontrar respuestas a estas preguntas. Si aplicas lo que vas a aprender en este libro encontrarás respuestas parecidas, y también experimentarás una sensación más profunda de sentido y unas relaciones más satisfactorias. Te encontrarás más relajado y fortalecido para afrontar los retos de la vida.

La regresión a vidas pasadas es una técnica curativa kármica que utilizo con mis clientes. Cuando pido a los participantes en seminarios que compartan lo que quieren obtener de la experiencia de una regresión a vidas pasadas, la mayoría no saben qué hacer. En realidad, la mayor parte dicen: «ni siquiera estoy seguro de *creer* en la existencia de vidas pasadas. Simplemente tengo curiosidad por ver qué va a pasar». Cuando profundizan en lo desconocido y se implican en el proceso, descubren algo nuevo sobre ellos mismos. La experiencia puede ir de algo meramente interesante a algo altamente profundo.

He presenciado miles de viajes a vidas pasadas durante las dos últimas décadas, y la experiencia de cada persona fue única. Las historias de este libro están basadas en las experiencias reales de mis clientes. Aunque he documentado las historias de sus vidas pasadas y he seguido su progreso a lo largo de los años, nunca he sentido la necesidad de saber si las historias tenían validez histórica. Puesto que los clientes experimentaban curaciones, liberaciones emocionales y conocimientos profundos, comprobar las historias de la gente me pareció irrelevante. Podemos aceptar la filosofía de la reencarnación o rechazarla, pero nunca vamos a poder demostrar que es cierta.

Sin embargo, de lo que sí tenemos pruebas es de que el proceso de regresión a vidas pasadas produce cambios positivos en la vida de la gente. Cuando alguien experimenta una regresión a una vida pasada, la historia que emerge puede considerarse una metáfora de conflictos internos. El asunto o problema central se revela y, al surgir a la superficie, puede curarse.

Incluso en un estado normal de conciencia, el arte de contar historias es muy poderoso; por eso las películas y las novelas son tan populares. Cuando nos implicamos con determinados personajes y situaciones de ficción, contribuimos a sanar partes de nosotros mismos que han sufrido heridas o se han perdido.

Aunque la gente tiene que habérselas con problemas parecidos, nunca he oído dos veces la misma historia. Puedo asegurar a los escépticos que nunca me he encontrado a personajes tan famosos como Cleopatra o Napoleón. Recuperar información de vidas pasadas no tiene como objetivo glorificar nuestra personalidad ni ensalzar nuestro ego. En su lugar, sus beneficios aparecen cuando obtenemos ideas, experimentamos una liberación emocional catártica o nos curamos de algún modo.

Lo que considero más interesante es esto: aunque los personajes de las historias de vidas pasadas son, ciertamente, personas normales, las tramas en las que participan son extraordinarias. Las historias que comparte la gente van desde historias monótonas hasta epopeyas heroicas.

Las experiencias de las regresiones se pueden incluir en una, o más de una, de estas cinco categorías:

- Experimentamos otra vida en forma de una historia completa.
- Entrevemos brevemente una serie de imágenes visuales acompañadas.
- Experimentamos dolor o sensaciones corporales incómodas que desaparecen cuando volvemos a un estado de vigilia ordinario. Estos dolores suelen estar relacionados con problemas de

salud crónicos. A veces los problemas desaparecen después de la regresión.

- Nos liberamos de nuestro miedo, rabia o pena.
- Nos sentimos tan tranquilos y relajados que no queremos salir del trance. Cuando por fin volvemos al estado de conciencia normal nos sentimos frescos y revitalizados.

La gente no siempre explora regresiones a vidas pasadas sólo porque tengan curiosidad. Quienes acuden a mí en busca de una sesión de sanación kármica normalmente tienen que experimentar uno de los problemas siguientes:

- En crisis: al haber sufrido algún tipo de pérdida, quizás una muerte o un divorcio, necesitan consuelo espiritual.
- Bloqueos: atrapados en la pena, la confusión o el miedo, no saben lo que quieren o no pueden conseguir sus objetivos.
- Luchas: implicados en alguna historia importante, se sienten atrapados en una relación difícil.
- Inquisitivos: deseosos de crecer y desarrollarse, quieren «conocerse a sí mismos».

Los recuerdos no resueltos de vidas pasadas pueden bloquear nuestra aura o campo de energía personal, impidiendo el libre fluir de la energía y limitando nuestra experiencia del mundo. Incluso la satisfacción que recibimos de nuestras relaciones se ve perjudicada. Estos bloqueos pueden debilitar nuestro estado de salud.

Lo que hace posibles la regresión y la sanación es esto: el mundo de nuestro subconsciente es mucho mayor que el mundo en que habita nuestra mente consciente. Nuestro subconsciente está holísticamente conectado con nuestra alma. Cuando accedemos a nuestra alma, sanamos al nivel más profundo de nuestro ser.

A menudo, cuando la gente se encuentra en un período de crecimiento, necesita apoyo mientras tienen lugar los cambios. Durante una sesión de regresión a vidas pasadas, genero un espacio seguro de apoyo para los clientes, de forma que puedan entrar y conectar con su yo interior. Yo actúo como guía mientras ellos exploran un territorio nuevo. Como resultado de la experiencia de una regresión a vidas pasadas, la gente tiende a:

- encontrar paz interior
- disolver barreras interiores, ganar claridad y conseguir sus objetivos
- liberarse de patrones emocionales destructivos y actitudes contraproducentes, con lo cual mejoran sus relaciones
- conectarse con su alma, alinearse con sus propósitos y liberarse del miedo a la muerte

El proceso de sanación kármica puede ayudarte a entender la lección espiritual subyacente a los retos que afrontes. Podrás ver el conjunto completo. Obtendrás ideas sobre por qué estás sufriendo una serie de circunstancias difíciles, y después te sentirás fortalecido para afrontarlas con fuerza.

Mi propio viaje kármico

Empecé a investigar mis propias vidas pasadas allá por la década de los ochenta del siglo XX, porque estaba hecha una ruina emocional y necesitaba una guía. Durante mis veintitantos años y comienzos de mis treinta y tantos sufrí la pérdida de la mayor parte de mis parientes cercanos. Mi padre murió inesperadamente debido a un derrame cerebral cuando sólo tenía cincuenta y seis años. En un período relativamente breve, seis de mis nueve tíos y tías se convirtieron en espíritus. Más adelante, perdí a mi madre y mis abuelos.

Me sentí golpeada por el dolor y muy sola. Después de asistir a funeral tras funeral, me pregunté si todo esto tenía algún sentido. ¿Estaba toda la vida vacía y sin sentido? Sentía que *debía* haber algo más. Mi búsqueda de respuestas me llevó a estudiar metafísica, lo cual me condujo a las ideas del karma y la reencarnación. Ingresé en una escuela que enseñaba las conexiones entre el tarot, la cábala y la astrología. También empecé a estudiar yoga.

Cuando Mind Matters, un centro de desarrollo psíquico y espiritual, ofreció un seminario sobre vidas pasadas, me inscribí entusiasmada. Esperando que comenzara el programa de regresión, tumbada en mi esterilla sobre el suelo, me sentí llena de emociones conflictivas. En un momento me pregunté si había sido alguien famoso. Al siguiente tuve miedo de poder saber que había hecho algo terrible. Me sentía tan nerviosa que no estaba segura de poder relajarme. Lo que por fin descubrí no fue encantador ni espantoso.

Se atenuaron las luces y mi maestro empezó a hablar con una voz lenta, casi monótona. Sonaba una música suave de fondo. Mientras entraba en trance, me sorprendió lo que experimenté. Vi mentalmente una imagen de un hombre con el pelo oscuro, de pie ante un caballete, pintando un jarrón de flores. Yo supe que él –yo– era independiente, rico y que había dedicado su (mi) vida al arte.

Mientras me sentí guiada hasta ver mi muerte, otra imagen de ese hombre, ahora tumbado en una cama, apareció ante el ojo de mi mente. De repente me sentí como si flotara: ligera y libre. Una sensación de amor universal inundó todo mi ser. Sentí como si no tuviera cuerpo físico, y mi espíritu, libre de cargas, recorrió todo el camino hasta las estrellas. En ese momento supe que yo no era mi cuerpo; yo no era la personalidad conocida como Djuna. Formaba parte de todos y de todo. Me sentí llena de luz.

En ese estado de paz y claridad empecé a rememorar las pérdidas que había experimentado en mi vida hasta ese momento. Tuve una revelación. «¿Qué sucedería si mi alma hubiese elegido las circunstancias de esta vida para motivarme a buscar un camino espiritual en ese momento?». Quizás en mis vidas anteriores normalmente me había sentido satisfecha con flotar en aguas poco profundas, sin ninguna necesidad real de experimentar el sentido más profundo de la vida.

Pregunté a mi yo interno por qué se me revelaba la vida de ese artista en concreto. De repente me llegó la respuesta: de niña me habían dicho que tenía «talento». Tengo un talento natural por la pintura. En la época en que me gradué de mis estudios secundarios había ganado muchos premios y había conseguido una beca para el Instituto de Artes de Cleveland. Siempre me había preguntado de dónde procedía esto, ya que no había artistas en mi árbol genealógico. Ahora sabía que mi talento era un verdadero don del Espíritu.

Nunca había sentido un estado de paz y bienestar como durante mi regresión. Toda la experiencia fue tan profunda que deseaba compartir el proceso con otros. Llegué a ser hipnoterapeuta colegiada y maestra de reiki. También me colegié en otras modalidades de sanación, como por ejemplo medicina naturista y chamanismo. En esa ocasión exploré diversas terapias holísticas para mi propio crecimiento.

Como resultado de todo ello empecé a experimentar muchos cambios personales. Mi ansiedad desapareció y me dejó con una sensación de paz interna, y mi capacidad de concentración aumentó. Mis miedos se convirtieron en confianza. Empecé a hacer cosas que nunca soñé que podría hacer, desde hablar ante grupos numerosos de personas hasta remar en kayak por el océano Pacífico.

También se transformó el modo en que experimenté mis pérdidas. Llegué a considerar esas duras lecciones como un gran don. Sin duda aprendí a dejarme ir. También aprendí que las relaciones que tenemos son valiosas y que no perduran para siempre. El cambio es la esencia de la vida.

Tu camino espiritual

A quienes sean nuevos en el camino espiritual, la regresión a vidas pasadas puede parecerles confusa o desconcertante al principio. Muchas personas temen que sólo puedan «inventarse algo». Temen no tener una experiencia auténtica. Se necesita tiempo y paciencia para aprender el lenguaje simbólico de nuestra alma y para confiar en nuestras impresiones psíquicas.

En los seminarios descubrí que el nivel personal de desarrollo psíquico y espiritual influye en los resultados. Quienes dominan la concentración y la relajación pueden acceder más fácilmente a su subconsciente, y con ello tener experiencias regeneradoras. No obstante, es una habilidad que puede aprenderse como cualquier otra cosa. Y yo te enseñaré cómo.

Ya sea que creas que existen las vidas pasadas o que no, eso no afectará a tu capacidad para acceder a tu mente subconsciente. Me gusta comparar la regresión a vidas pasadas con la interpretación de los sueños, porque ambos procesos utilizan el subconsciente para acceder a la sabiduría del alma. Cuando duermes, entras en el mundo de los sueños. Puedes tener aventuras salvajes, sentir emociones intensas y recibir guía interna. Lo mismo es cierto cuando entras en estado de trance y te guían hasta el ámbito de vidas pasadas. Además, siempre recuerdas el viaje cuando despiertas.

Los detalles del viaje no son importantes. Y ni siquiera que el recuerdo sea *verdadero*. Lo importante es el contenido de la experiencia. El mensaje espiritual o la curación que consigues es el verdadero don de este trabajo.

El papel del yoga en la sanación kármica

La práctica del yoga me recuerda una y otra vez que los humanos somos seres energéticos. Nuestros pensamientos subconscientes, sistemas de creencias y sentimientos están conectados energéticamente por todo nuestro cuerpo, influyendo en la forma en que actuamos, nos movemos o colocamos nuestros cuerpos, incluso influyendo en el estado de nuestra salud. La medicina occidental está poniéndose al día con esta idea y ha reconocido que el estrés puede influir en nuestro bienestar físico.

El yoga es mucho más que retorcer nuestro cuerpo con posturas que parecen rosquillas. Siempre que practicamos relajación, autohipnosis, visualización y meditación estamos utilizando técnicas de yoga. Estas técnicas tienen miles de años de antigüedad. Han sido diseñadas para despertar la conciencia de nuestras almas, eternas y divinas, y pueden ayudarnos a conocer nuestros verdaderos propósitos en esta vida.

El yoga conlleva muchos beneficios:

- Ayuda a mantener la calma.
- Fortalece nuestra capacidad intuitiva.

- Mejora nuestra capacidad de concentración.
- Ayuda a escuchar nuestra voz interior, a fin de no tener que confiar en otros para recibir consejo.

Los sistemas de cuerpo y mente funcionan holísticamente: un patrón de vidas pasadas suele tener un componente emocional, mental y físico. Durante una regresión a vidas pasadas, la gente experimenta el tránsito por uno o más de estos canales.

Buscando sanación kármica

He trabajado con muchas personas que han experimentado experiencias vitales difíciles. Aunque quizás no descubran una vida pasada durante una sesión curativa, sí descubren la lección kármica de esta vida, lo cual contribuye a su sanación. Sus vidas se ven después bendecidas con una sensación de paz que no han sentido nunca antes.

Sharon era una participante de una de mis clases de vidas pasadas, en una universidad de Filadelfia. Como tenía el corazón partido, se inscribió en el curso porque buscaba consuelo. Kenny, su prometido, a quien consideraba su alma gemela, había muerto hacía poco en un accidente de tráfico.

Sharon estaba tan desconsolada por su pérdida que le recomendé tener sesiones privadas conmigo. La historia de su breve romance es lo que yo llamo una «bandera roja kármica», que describo detalladamente en el capítulo 8.

Sharon estaba divorciada, tenía dos hijos y mantenía una relación terrible con su exmarido. Tuvo citas durante cuatro años después de su divorcio, pero no pudo encontrar al señor Perfecto. Estaba a punto de olvidarse de los hombres, cuando un amigo le presentó a Kenny. En el mismo momento en que se vieron supieron que estaban unidos por el destino. Ella estaba tan nerviosa y excitada que se sentía como una adolescente.

Pasaron su primera cita bailando apasionadamente; eran como imanes que no podían separarse. Cada noche de la semana siguiente, hablaron y se rieron por teléfono hasta el amanecer. Cinco días después Kenny dijo: «Te quiero. Deseo casarme contigo y vivir juntos el resto de nuestras vidas».

Sharon se sintió emocionada al conocer a sus padres, quienes le dieron la bienvenida a su familia.

Se sintió como si estuviera soñando: todo parecía demasiado bueno para ser cierto. Siempre decía: «¡que alguien me pellizque!». Estaban enamorados y eran inseparables. Él era un amante apasionado, y su nueva y excitante vida sexual iba mucho más allá de todo lo que había experimentado con su exmarido. Los sentimientos de amor que compartían eran tan fuertes que parecían irresistibles.

Después de cuatro semanas de estar pasando una temporada mágica con Kenny, el sueño de Sharon se convirtió en una pesadilla. Mientras cenaban en un restaurante romántico, inesperadamente, Kenny empezó a tomar pastillas y a beber vodka. Su personalidad cambió dramáticamente y el señor Jekyll se convirtió en míster Hyde. En un momento Kenny era divertido y encantador, y al siguiente era desagradable y agresivo. Hacia el final de la cena perdió el conocimiento.

Sharon se sintió alarmada y confusa. Después de dejar a Kenny en su apartamento telefoneó a su madre, quien le contó su historia. Kenny era un alcohólico en fase de rehabilitación, y al parecer estaba recayendo. Ella también advirtió a Sharon que Kenny podía ser violento. Había dado una paliza a su anterior novia, mientras sufría un ataque de violencia a causa del alcohol. La madre de Kenny prometió que le llevaría a un centro de rehabilitación. Sin embargo, nunca entró allí. La mañana siguiente, Kenny murió en un accidente de tráfico.

Los cuatro principios de la sanación kármica

Aunque Sharon nunca recordó una vida pasada que hubiese compartido con Kenny, nuestras sesiones de sanación la ayudaron en gran medida a asumir su muerte. Aplicó los cuatro principios de la sanación kármica:

- **Responsabilidad:** ser responsables de nuestras acciones. No podemos controlar nuestras circunstancias ni las reacciones de otros, pero podemos controlar nuestras respuestas ante la vida.
- **Reconocimiento:** comprender que todos nuestros retos son oportunidades para el crecimiento y el desarrollo.
- **Razón:** aceptar que la gente llega a nuestra vida con algún propósito.
- **Perdón:** perdonar los errores y las transgresiones. Esto nos ayudará a liberarnos del odio y el resentimiento contra nosotros mismos y los demás.

Sharon asumió la responsabilidad de su parte en la relación. Se dio cuenta de que casarse con Kenny habría sido un desastre. Su relación con él, tan intensa y tan rápida, fue una imprudencia. Cuando el alma ansía sanación, nos sentimos fácilmente abrumados por nuestros sentimientos. Normalmente somos irracionales y tomamos decisiones apresuradas.

Kenny llegó a la vida de Sharon por una razón. Ella fue consciente de que el amor de Kenny por ella había tocado su alma. Era la primera vez que experimentaba un sentimiento tan poderoso. Antes de conocer a Kenny, estaba atrapada en la carrera de ratas del mundo de los negocios. Nunca había pensado en la espiritualidad, la otra vida o el sentido de su propia vida.

Sharon reconoció que la muerte de Kenny había sido un aliciente para su crecimiento espiritual. Tenía tanto dolor que buscaba ayuda. Estaba preparada y deseosa para efectuar algunos cambios en su vida. Después de algunas sesiones de curación, Sharon hizo las paces con la muerte de Kenny y aprendió lo que era más importante para ella, el amor.

Nuestras sesiones la motivaron para transformar dos relaciones importantes. La primera era la de su exmarido. No se hablaban, aunque compartían la paternidad de sus dos hijos. La segunda era la de su madre. Ambas llevaban un pequeño negocio con éxito y discutían a cada momento en que estaban juntas.

Sharon dejó de culpar a su exmarido y a su madre por todo lo que le iba mal y les perdonó sus pasadas afrentas. Un año después, me sentí contenta de asistir a una fiesta de cumpleaños en su casa y de conocer a su nuevo amante. Toda su familia estaba allí, incluso su exmarido, y todos pasamos una estupenda velada juntos.

A lo largo de este libro, sentirás cómo te guío hacia la sanación y la resolución de relaciones con familiares, jefes y compañeros sentimentales, utilizando los cuatro sencillos principios kármicos de sanación, combinados con el proceso de curación kármica de cuatro pasos, que explicaré en breve.

Karma y reencarnación

He asistido a numerosos seminarios y ceremonias de tradiciones religiosas budistas, hindúes y naturalistas, que aceptan la reencarnación como parte de su doctrina religiosa. Yo creo en la reencarnación, pero tú no tienes por qué aceptarla como parte de tu cosmovisión para obtener resultados del proceso de sanación kármica.

Antes de que empecemos a explorar algunas de las formas en que las vidas pasadas pueden estar influyéndote en el presente, deberíamos examinar el sentido del karma y la reencarnación.

La reencarnación es el proceso por el que nuestra alma pasa por distintas vidas en el plano terrenal para experimentar la vida y aprender. Cada vida ofrece nuevas oportunidades para crecer de diversas formas, pero en última instancia estamos aquí para descubrir nuestro verdadero yo –nuestra naturaleza espiritual– y conseguir la iluminación. Nuestra misión es curar, evolucionar y amar.

Cuando exploremos vidas pasadas, a veces te encontrarás en un cuerpo de hombre y otras en un cuerpo de mujer. Vivirás en distintos países y procederás de diferentes clases sociales. Puede que te sorprenda pertenecer a una cultura o una raza distinta.

La palabra sánscrita *karma* significa 'acción, actividad o trabajo'. No es sinónimo de destino, que se considera una consecuencia inevitable o un resultado terrible. Tampoco es lo mismo que Némesis (el dios griego de la justicia retributiva), el castigo merecido.

No podemos controlar nuestras circunstancias, pero sí cómo manejarlas. Además, siempre somos responsables de nuestras acciones. Y evidentemente no podemos evitar el karma porque la vida está compuesta de acción, y la acción genera karma.

El karma se acumula a lo largo de las vidas. Forma las consecuencias acumuladas de todo lo que hemos hecho en el pasado, nuestros errores y nuestros éxitos. Nuestras acciones positivas tienen consecuencias constructivas, y nuestras acciones negativas conllevan consecuencias destructivas. El karma puede considerarse el resultado de nuestras acciones pasadas que nos permiten seguir adelante, combinadas con las que nos retienen.

Por ejemplo, si tenemos éxito, somos ricos, tenemos buena formación o somos felices, podemos concluir a partir de nuestra buena suerte actual que estamos cosechando beneficios de nuestras acciones pasadas. Es probable que en alguna reencarnación fueras prudente, diligente, estudioso y/o amable. Lo que decidas hacer con tus circunstancias actuales es otra historia.

Como bien sabes, no todas las personas con éxito utilizan sus recursos y beneficios de forma productiva. ¿Cuántos famosos que parecen tenerlo todo –encanto, dinero, admiradores y fama– terminan sus vidas desastrosamente?

Generar un karma positivo es como cultivar un jardín. Podemos cultivar cualquier cosa que plantemos. Nuestras semillas determinarán nuestra cosecha. Si queremos maíz fresco, no hay que esparcir semillas de calabaza. En otras palabras, si queremos amor hay que actuar amorosamente. Lo que sembremos, eso cosecharemos.

El proceso de sanación kármica de cuatro pasos

Tú decides las elecciones que tomas en tu vida. *Sanación kármica* te propone que seas responsable de esas elecciones. El proceso de curación kármica puede resumirse en cuatro fáciles pasos:

- **Detallar:** localizar nuestras cuestiones kármicas respondiendo preguntas específicas.

- **Recordar:** recordar datos de nuestras vidas pasadas practicando la meditación con regresión.
- **Reprogramar:** utilizar visualizaciones y afirmaciones para liberarnos de patrones negativos e imprimir imágenes positivas en nuestra mente. Liberarnos de bloqueos y barreras utilizando meditaciones, composiciones, escritos o pinturas.
- **Reforzar:** tomar esencias florales específicas para reforzar nuestras nuevas actitudes y conductas.

Para ver cómo funciona la sanación kármica, examinemos el caso de Sarah. Sarah lo tenía todo: belleza, talento y dinero. Sin embargo, carecía de motivación para seguir su carrera de cantante. Llegó a mi despacho para una consulta, porque se sentía bloqueada.

Paso uno, detallar: después de contestar a varias preguntas fáciles, Sarah explicó sus problemas más importantes. Fumar cigarrillos era malo para su voz, pero parecía que no podía dejarlo. También comentó que la relación con su novio estaba desequilibrada. Ella siempre daba y él siempre recibía.

Paso dos, recordar: durante la sesión de Sarah, sugerí que probara una regresión a sus vidas pasadas para liberar sus bloqueos. Cuando Sarah entró en trance, le llegó la imagen de una peluca empolvada. Inmediatamente supo que ella era una esclava, y que su novio actual era su amo.

Se rio y dijo:

—Así es exactamente cómo me siento ahora: como una esclava suya.

Un momento después, Sarah empezó a llorar.

—Me siento tan impotente –dijo.

Le pregunté en qué parte de su cuerpo sentía la sensación de impotencia.

—Siento pesadez y dolor en la parte inferior de mi espalda –contestó.

Le pedí que asignara una imagen al sentimiento.

—Parece como un bloque gigante de hielo.

—¿Cómo quieres eliminarlo? –le pregunté.

Ella visualizó cómo derretía el hielo con un soplete imaginario. Al hacerlo, liberó el recuerdo atrapado de sentirse impotente, aún presente en el recuerdo subconsciente de su cuerpo. Después llenó el espacio con una luz brillante. Afirmó que era libre para ser poderosa y para expresarse por sí misma.

Cuando salió del trance, Sarah estaba asombrada.

—Me siento tan ligera. Me siento como si estuviera cantando» –exclamó.

Estuvimos de acuerdo en que era la afirmación perfecta para ella. Repetiría este pensamiento positivo mientras tomaba esencias florales durante el mes siguiente.

Paso tres, reprogramar: Sarah acabó con su hábito de fumar cuando utilizó el collage como herramienta curativa, dentro de sus tareas caseras. Cortó y pegó imágenes para componer escenas que representaban lo que el tabaco hacía a su voz. Después de varios meses y cuatro collages, pudo dejar de fumar. En cuanto a su relación, Sarah decidió hacer terapia para aprender a reafirmarse.

Paso cuatro, reforzar: durante el mes siguiente a su sesión, Sarah tomó una esencia floral de ranúnculo para reforzar su afirmación: «siento como si cantara» y para recuperar su fe en sí misma como cantante. Varias semanas después, llamó para decir que estaba haciendo un vídeo promocional y que estaba ocupada programando funciones.

Igual que Sarah, cuando sigas estos fáciles pasos descritos en *Sanación kármica*, tú:

- **Detallarás** tus problemas contestando a preguntas.
- **Recordarás** la sabiduría de tu alma recordando una vida pasada.
- **Reprogramarás** bloqueos mediante diversos ejercicios y diferentes tipos de herramientas kármicas.
- **Reforzarás** tu nueva vida afirmando las posibilidades con esencias florales.

Tu caja de herramientas kármica

A lo largo de este libro encontrarás meditaciones y ejercicios para ayudarte a descubrir vidas pasadas e importantes asuntos kármicos. Tal vez quieras anotar enseñanzas adicionales que parezcan relevantes o tengan una resonancia especial para ti. Es mejor anotar tus descubrimientos para poder acudir a ellos posteriormente. Anotar tus impresiones también te ayuda a interpretar la información que se te transmite. A veces, los datos no tienen sentido cuando empiezas a explorar vidas pasadas, pero después serán evidentes, cuando continúes tu proceso de exploración. A lo largo de los ejercicios de los capítulos siguientes, tal vez te des cuenta de que hay símbolos o imágenes personales que parecen repetirse una y otra vez. Asegúrate de incluirlos en tu diario en forma de collages, dibujos cortados de revistas, o quizás cuadros. Elige un diario que sea lo suficientemente grande como para alojar diversos medios. Incluso en nuestra edad de los ordenadores, tal vez descubras que prefieres un diario personal que puedas coger y llevar contigo.

Considera lo siguiente al elegir un diario:

- ¿Vas a escribir a mano o con teclado?
- ¿Quieres hojas sueltas o una libreta?
- Asegúrate de que sea al menos de 20 x 27 centímetros y sin líneas.
- Acude a la tienda de artículos de dibujo para comprar algunos objetos que estimulen tu creatividad: rotuladores, plumas, hojas adhesivas, bolígrafos originales y tinta, o lapiceros.

Ten los siguientes artículos a mano cuando trabajes con este libro:

- revistas viejas, tijeras, pegamento, cinta adhesiva
- fotografías de personas, lugares o cosas que concuerden contigo
- trozos de tela, cordones o papel con relieve
- una grabadora y casetes vírgenes
- una baraja de cartas del tarot
- un cristal de cuarzo pulido (a menos que ya tengas una piedra especial que uses para mejorar la meditación y la entrada en trance)
- música de relajación

Las cartas del tarot se utilizarán para mejorar tu capacidad para visualizar y desarrollar tu intuición. Aprenderás a interactuar con los arquetipos del tarot, de forma que se conviertan en guías hacia el espacio interior. Recomiendo la baraja de tarot Los Arcanos para los principiantes, porque es la baraja más conocida y fácil de encontrar. Es el modelo para muchas barajas de tarot modernas y fácil de usar. Si eres un practicante de tarot avanzado puedes utilizar otra baraja que conozcas.

Por último, encontrarás sugerencias de remedios de esencias florales adecuadas para problemas específicos en cada capítulo. Las esencias florales son extractos diluidos de diversos tipos de flores y plantas similares a los remedios homeopáticos. El doctor Edward Bach, un famoso médico inglés, desarrolló los primeros remedios en la década de los treinta del siglo XX. Bach creía que las enfermedades son el resultado de conflictos entre el cuerpo, la mente y el espíritu. Los remedios florales actúan equilibrando estos desequilibrios en el cuerpo emocional y espiritual, y promueven una sutil curación tratando los problemas del alma.

INVITACIÓN AL CAMBIO

En *Sanación kármica* entrarás en un nuevo mundo. Te enseñaré a acceder a tu espíritu, a desarrollar tu conciencia interior y a reclamar tu poder psíquico. Descubrirás dónde están tus bloqueos kármicos y cómo liberarlos. No tienes por qué creer en la reencarnación para obtener beneficios de este libro. Del mismo modo que puedes practicar yoga sin convertirte en hinduista, puedes aceptar las vidas pasadas como filosofía sin suscribirte a una doctrina religiosa.

Tendrás una experiencia única. A medida que vayas trabajando con tu diario, crearás un lugar mágico de secretos, un espacio seguro para tus pensamientos y sentimientos, y un paraíso para revelarte a ti mismo. Bienvenido al viaje más estimulante de esta vida o de cualquier otra: ¡tu viaje de sanación kármica!

PARTE I

Herramientas de sanación kármica

Capítulo 1

Tu mundo interior

En cualquier momento en que explores lo desconocido será bueno tener un guía para saber qué te espera. Cuando profundices en ti mismo, estarás indagando literalmente en otro mundo. En este capítulo te mostraré técnicas para navegar por este nuevo territorio. Aprenderás a concentrar tu mente y relajar tu cuerpo, las claves para abrir tus sentidos psíquicos. A medida que desarrollas tus músculos psíquicos, también aprenderás a acceder a la sabiduría desde tu yo superior. Tendrás una introducción al poder curativo de las esencias florales. Aprender estas técnicas te permitirá prepararte para muchas experiencias maravillosas mientras embarcas para tu viaje kármico.

Cómo tu pasado se introduce en tu presente

Cuando Heather tenía dieciocho años, le diagnosticaron un quiste ovárico del tamaño de un pomelo. Después de pasar por una operación para eliminar el quiste, contrajo endometriosis y sufrió de calambres menstruales severos. Pasados unos años, el quiste volvió a crecer y tuvo que operarse otra vez. Los médicos predijeron que el quiste sería un problema durante toda su vida y le prescribieron píldoras anticonceptivas como remedio.

Independientemente de lo baja que fuera la dosis, las hormonas hacían que Heather se sintiera como si se encontrara en una montaña rusa emocional. En un momento estaba riendo y al siguiente, llena de rabia. Empezó a sufrir dolores de cabeza y retuvo tanta agua que se sentía como una ballena hinchada. Además, dejó de disfrutar del sexo con su amado esposo porque le resultaba demasiado doloroso. Esto supuso un problema para su matrimonio.

Heather se sintió atrapada en un círculo vicioso. Si tomaba los otros medicamentos que los médicos le prescribían, se echaba directamente a dormir o estaba tan aletargada que se sentía como un zombi. No podía conducir si tomaba esas pastillas. Si no podía conducir, no podía ir a trabajar. Sufrió este problema crónico durante doce años, y cambiaba de médicos de vez en cuando en busca de nuevos consejos.

Heather pensó que estaba condenada a sufrir ese problema para siempre. Sin embargo, una noche, en que alquiló una película, sucedió algo extraño. Mientras veía la escena de la violación de *Acusados*, se puso enferma del estómago y tan molesta que no pudo aguantar hasta el final. Pensó que la reacción era extraña, ya que nunca la habían molestado ni atacado.

Al día siguiente, mientras se encontraba en la cola de un establecimiento de dietética, resultó que Heather recogió mi folleto. Mientras leía mi descripción del proceso de regresión a vidas pasadas, se quedó intrigada; tal vez una experiencia de vidas pasadas podría explicar su intensa reacción emocional a la película. Sin embargo, tenía miedo de que su marido no lo aprobase. Probablemente pensaría que ella había perdido la cabeza. Concertó una cita a pesar de sus miedos.

Antes de la regresión, le pedí a Heather que dejara temporalmente a un lado su escepticismo. La incité a confiar en las imágenes que vería con el ojo de la mente, aunque fueran raras o extrañas.

Durante su regresión, Heather estaba reclinada sobre una mesa de masaje, mientras sonaba una música suave de fondo. Comencé el proceso de hipnosis hablándole con un tono de voz relajante. Empezó a relajarse y entró en trance. Se visualizó haciendo un viaje de tren por el tiempo y el espacio, hacia otra vida. Cuando el tren se detuvo y la puerta se abrió, esto fue lo que experimentó:

—Soy una bonita chica de quince años, y llevo una cesta en la mano. Mi nombre es Rosita. El día está claro y soleado. Estoy en algún lugar de Sudamérica. Tengo algo de miedo. Me encuentro en un mercado al aire libre. Hay muchos puestos que venden hortalizas, animales, ropas.

»Llevo una prenda de ropa para vender en uno de los puestos. Los hombres del mercado me miran fijamente. No me gusta la forma en que lo hacen. Quiero irme a casa.

Pedí a Heather que se dirigiera a la fuente del problema.

—Vivo con mis padres y mi hermana. Mi padre maltrata a mi madre. Ella no le hace frente en absoluto. En la casa nos trata como si fuéramos criadas.

Heather rompió a llorar.

—Me voy. Me marcho de casa. Viene un hombre a casarse conmigo. ¿O tal vez me ha comprado? Me ocurre como a mi madre. El matrimonio es un acuerdo económico. Tengo miedo. Estamos caminando, llevamos grandes bolsas. Este hombre tiene unos cincuenta años, y yo solo soy una adolescente.

Heather guardó silencio durante unos minutos y volvió a llorar.

—¡Dios mío! ¡Me secuestra! Me utiliza para su satisfacción. Es asqueroso. Es vulgar y feo.

Cuando Heather dejó de llorar, le pedí que pusiera una imagen a su dolor. Ella imaginó su dolor como un arbusto con pinchos que crecía en su útero. Se visualizó cortándolo con unas grandes tijeras de podar. Cuando desapareció el arbusto, visualizó que llenaba el espacio vacío con la luz dorada de una energía curativa.

Le pedí que indagara en esa vida y que se mantuviera atenta a cualquier otra información que pudiera recibir.

—Todas las mujeres del pueblo eran maltratadas. Se las consideraba ciudadanos de segunda clase.

Heather visualizó a Rosita en una burbuja de luz de color rosa. Envió su amor y aceptación a Rosita y la liberó en la luz blanca del amor universal. Heather dio a todas las células de su cuerpo permiso para funcionar con una salud y vitalidad perfectas. Después, afirmó que Heather es una bella mujer que merece una satisfacción sexual.

Cuando Heather salió del trance, se sintió en paz y más ligera. Le sugerí que tomase la esencia floral de manzana silvestre –para seguir liberando los sentimientos de culpa que hubiese podido acumular en esa vida–, mezclada con lirio alpino, con el fin de integrar su sexualidad con su yo femenino.

Al día siguiente, Heather tuvo el período por primera vez en dos años. Su ciclo ha sido regular desde entonces. Un año después, su ginecólogo le aseguró que se había curado. No había signos de quistes ni de endometriosis. Sus calambres menstruales habían sido tan terribles que tuvo que guardar cama. Desde nuestra sesión de regresión, esos calambres han desaparecido. No ha tenido que tomar hormonas y se siente realmente bien. Unos años después me envió una postal de Navidad con una fotografía de sus dos hijos.

Obstáculo kármico

No hay pruebas de que Heather viviera en Sudamérica en otra época. Eso no importa. Lo que es importante es que el proceso de sanación kármica le ofreció un contexto para conectar con el problema no resuelto de su alma y para transformarlo.

Ver la escena de la violación de una película disparó sus sentimientos no resueltos como consecuencia de haber sido víctima de abusos sexuales. Después de doce años de sufrir problemas ginecológicos por fin estaba lista para tratar con el componente emocional de su sexualidad afectada. Nunca sabremos si *realmente* la violaron en una vida anterior. Tal vez en lo más profundo sintió que tener un trabajo competitivo en el mundo de los negocios «violaba» su feminidad.

La regresión de Heather la ayudó a recuperar su propia valía como mujer y a reinventar su vida sexual. Aunque había recibido tratamiento médico para sus síntomas físicos, no había tratado el problema de su alma y, por ello, no se había curado.

Como ya sabemos, el cuerpo, la mente y el espíritu se relacionan holísticamente. Los problemas no resueltos del alma pueden generar bloqueos energéticos que yo llamo «bloqueos kármicos». Estos bloqueos afectan a la forma en que pensamos, sentimos, nos comportamos y experimentamos nuestro cuerpo. El problema no resuelto del alma de Heather había impactado en su bienestar emocional y físico.

Lo que no esté resuelto en tu pasado puede influir en tu presente. En el caso de Heather, los quistes y la endometriosis eran síntomas de un problema más profundo. Se sentía impotente como mujer. Una vez que fue liberado el trauma del bloqueo de Heather durante su regresión, quedó libre del *bloqueo kármico* que había afectado a su salud. Se sintió mejor y su matrimonio mejoró. Ya no estaba limitada por los cambios de humor y el dolor físico. Heather ganó la libertad interior para generar una vida más rica. En esto consiste la sanación kármica.

Cinco técnicas de sanación kármica

Utilizando la experiencia de Heather como modelo, examinemos cómo podemos explorar vidas pasadas por nosotros mismos. Éstas son las técnicas que hay que dominar para curarse y lograr que la transformación tenga lugar:

- **Establecer una intención:** decidir lo que queremos cambiar. Saber lo que queremos es el primer paso para conseguirlo.
- **Relajarse:** calmar nuestra mente y nuestro cuerpo. Esto nos ayudará a abrir las puertas de comunicación con nuestro yo superior.
- **Ser receptivos:** utilizar nuestros sentidos psíquicos para acceder a la sabiduría de nuestra alma.
- **Visualizar el bienestar:** resolver problemas combinando símbolos visuales y afirmaciones.
- **Tratamiento con esencias florales:** tomar esencias florales para ayudarnos a seguir por el buen camino y evitar recaer en antiguos patrones.

Heather no era consciente de que sus problemas ginecológicos estuvieran relacionados con una vida anterior. Llegó a mi consulta con el deseo de saber por qué había reaccionado exageradamente al ver una película. Gracias a su *intención* de aprender sobre sí misma, descubrió la causa de su sufrimiento. Resolver su problema de salud fue una completa sorpresa para ella.

Al relajarse profundamente, Heather pudo recibir información de su yo superior. Al mostrarse *receptiva* a su yo superior, recibió el mensaje de que había llegado el momento de tratar el componente emocional de sus problemas de salud. Aunque es una mujer guapa y está en buena forma física, no se sentía cómoda con su feminidad. No se daba cuenta de que se sentía impotente como mujer.

Cuando Heather eligió un símbolo visual para representar su dolor, pudo liberarse del trauma atrapado en la memoria celular de su cuerpo. Se visualizó podando un arbusto con espinas y llenando su pelvis con luz para liberar el bloqueo. Después reprogramó su mente afirmando su feminidad y su poder. El paso final consistió en tomar una esencia floral durante un mes después de su regresión, para mantener en movimiento el proceso de transformación. La esencia floral actuó como *tratamiento* y la ayudó a integrar los cambios en su vida.

Acceder a tu mundo interior es algo simple, una vez que sepas cómo. Igual que aprender cualquier habilidad, cuanto más practiques, mejor lo harás. Tus esfuerzos serán recompensados. Tal vez te sientas incómodo cuando empieces a practicar estas técnicas. Pero, cuanto más trabajes con ellas, más fáciles te resultarán.

Establecer una intención

Saber lo que quieres es el primer paso para conseguir que ocurra. Por eso es importante establecer objetivos. ¿Qué quieres conseguir explorando tu karma y tus vidas pasadas?

En la parte superior de la primera página de tu diario, escribe la pregunta: «¿Qué quiero?».

Ahora responde a la pregunta. Define tus objetivos. Sé específico. Por ejemplo, tus respuestas pueden ser algo como las siguientes:

- Quiero conocer la fuente de mi problema con el peso.
- Quiero saber por qué la relación con mi madre es tan difícil.
- Quiero saber por qué tengo que esforzarme por llegar a fin de mes.
- Quiero saber por qué tengo miedo al agua.
- Quiero saber por qué me encanta la cultura francesa.
- Quiero saber si conozco a mi marido de otra vida.

Tómate el tiempo necesario para escribir tus intenciones. Puedes establecer todos los objetivos que desees. Cuanto más claro tengas lo que quieres, mejores resultados obtendrás.

Ahora establece una línea temporal. Sé realista acerca de la cantidad de tiempo que puedes dedicar a hacer los ejercicios y las meditaciones. ¿Quieres completar un capítulo por semana o por mes?

¿Vas a practicar los ejercicios por la mañana, después de comer, o antes de acostarte?

Describe una programación en tu agenda u organizador personal. Puedes incluso querer programar una alarma en tu ordenador o utilizar otros métodos para recordar.

A continuación, desarrolla un equipo de apoyo. Quizás quieras compartir lo que estás haciendo con uno o dos amigos, de forma que puedan apoyar tus esfuerzos. ¿Quién puede dirigirte a través de los cambios que vas a hacer? ¿Quién te ayudará a seguir si las cosas se ponen difíciles? Programa algunas llamadas o correos electrónicos de apoyo.

Por último, escríbete una carta a ti misma afirmando lo que quieres conseguir. ¿Qué estás arriesgando? ¿Por qué es importante realizar este trabajo? ¿Cómo puedes beneficiarte de la sanación kármica?

Cuando termines la carta, haz tres fotocopias. Colócalas en sobres sellados, dirigidos a ti mismo. Anota en tu agenda que tienes que enviártelos a ti mismo cuando comiences los capítulos 3, 5 y 7 de este libro. En esos momentos querrás recordarte que esto es importante, contrarrestar cualquier resistencia ante el progreso. Es natural resistirse a los cambios porque es más fácil y cómodo vivir sin preocupaciones. Conseguir cualquier cosa valiosa conlleva perseverancia, dedicación y determinación. Cualquier resultado deseado, desde perder peso hasta ganar una medalla de oro, requiere ejercer algo de esfuerzo. Si quieres tener éxito, tienes que entrenarte a salir de tu zona de comodidad. Tienes que persistir cuando afrontes las barreras que te impiden conseguir tus intenciones. El poder de ceñirte a tus propósitos es lo que te permitirá triunfar.

Relájate

La relajación es la clave para acceder a tus sentidos psíquicos. Poder relajar tu cuerpo a tu voluntad forma parte de la técnica de autohipnosis y de la práctica del yoga. Cuando puedes concentrar tu mente en una cosa, empiezas a ser consciente del poder de la concentración. Es la clave para entrenar tu mente y armonizar tu cuerpo.

Crear un espacio sagrado en tu hogar te ayudará a transcender el mundo ordinario en el ámbito espiritual. Es bueno reservar una habitación o algún lugar en una habitación para practicar los ejercicios de este libro. Te convendrá encontrar un espacio tranquilo donde no te molesten. Cuando estés allí, apaga tu teléfono móvil, ponlo en modo vibración y programa una respuesta de voz para las llamadas. Haz saber a tus familiares que te vas a reservar cierto tiempo para ti y que no vas a estar disponible. Utiliza un sofá o libera algo de espacio en el suelo para tumbarte. Puedes emplear una esterilla, un futón o una toalla como amortiguación si estás tumbado en el suelo.

También puedes montar un aparato musical para poner música de meditación.

Una vez que has encontrado un buen lugar, puedes crear un altar utilizando una pequeña mesa, la repisa de una chimenea o algo sobre el suelo. Busca un cuadro de tu dios o diosa favorita, ángel, maestro espiritual, animal de poder, antepasado o santo para colocar en el centro del altar. Puedes incluir algún símbolo religioso que tenga significado para ti, como una cruz, un pentáculo o una estrella de David. Puedes también añadir un objeto natural, como un cristal, una roca, una piedra preciosa, una concha o una pluma. Viene bien incluir velas e incienso.

Crear un espacio sagrado también sugerirá a tu subconsciente que te estás tomando en serio tus exploraciones espirituales. Del mismo modo que un cómodo dormitorio promueve un sueño restaurador, utilizar un lugar especial para tus estudios sobre vidas pasadas te ayudará a desarrollar una reserva de energía psíquica, permitiéndote relajarte en estados de trance. Después de algunas semanas de uso constante, sentirás un ambiente tranquilo en tu espacio sagrado.

Qué esperar mientras se está en trance

Cuando entras en un estado profundo de relajación puedes sentirte muy pesado, como si tu cuerpo se hubiera derretido en el suelo. O tal vez sientas tu cuerpo muy ligero, flotando hacia el techo. Es posible que te entre mucho calor. Sentir un intenso calor es un buen indicio. Significa que estás accediendo a la energía curativa. Puede que tengas una sensación de hormigueo, o bien oleadas eléctricas que llenan todo tu ser. Algunas personas ven colores con el ojo de la mente; otras sienten que se inundan de luz. Quizás te parezca que das vueltas. Todas estas experiencias son muy comunes. No hay un único modo «correcto».

Mientras haces un ejercicio de relajación profunda puede que seas consciente de la tensión o el dolor que has retenido en tu cuerpo, igual que notas agujetas en los músculos si acabas de venir del gimnasio. Permítete ser consciente de las agujetas. Experimentar la incomodidad a menudo liberará el dolor.

Si has reprimido alguna emoción, probablemente aparezca y seas consciente de ella. Algunas personas experimentan tristeza o incluso odio cuando entran en trance. Mientras estás relajado, si experimentas una emoción, permítete la libertad de sentirla y después déjate llevar. Experimentar la sensación servirá para liberarte de ella.

Algunas personas no pueden relajarse y se sienten incómodas con una actividad mental excesiva. Si descubres que te sucede eso, sé paciente. Relajarte profundamente requerirá algo de práctica. Tal vez te convenga reducir tu consumo de cafeína y azúcar. Te recomiendo asistir a clases de yoga o de taichí para trabajar la respiración profunda. Involúcrate en cualquier actividad que te ayude a concentrarte. Estas prácticas te permitirán dominar tu mente y viajar a estados alterados de la conciencia con una mayor facilidad.

Ejercicio de relajación

Antes de empezar a practicar la siguiente técnica de relajación, asegúrate de que estarás verdaderamente cómodo. Es recomendable tener bien apoyada la parte inferior de la espada colocando una almohada bajo tus rodillas, mientras permaneces tumbado boca arriba. Asegúrate de estar a una temperatura templada. La temperatura del cuerpo desciende cuando se entra en trance, y hay cierta tendencia a enfriarse. Tápate con un chal o una manta.

Tómate diez minutos para completar este ejercicio. Tal vez te interese grabarlo, dejando un minuto entre una instrucción y la siguiente. Haz lo siguiente:

- Túmbate boca arriba, con los brazos a los lados del cuerpo y las palmas de las manos mirando hacia arriba.
- Siente el poder relajante entrando por los dedos de los pies. Siente cómo baja por el empeine hasta los talones y las plantas de los pies.
- El poder relajante asciende por tus pantorrillas y rodillas.
- Deja que los muslos se relajen totalmente.
- Libera la pelvis, las caderas y la parte inferior de la espalda.
- Relaja el torso y la caja torácica.
- Relaja todos los músculos de los hombros y el cuello.
- Libera los brazos y las manos. Deja que las palmas de las manos y los dedos se pongan blandos.
- Relaja todos los músculos de la cara.
- Relaja todos los músculos de los ojos.
- Todo tu cuerpo está relajado.
- Saborea la agradable sensación de relajación total.

Practica esto al menos una vez al día, y tu vida cambiará. Podrás liberar el estrés y la tensión con facilidad y sentirás más paz y satisfacción. Haz un seguimiento de tus progresos tomando notas en tu diario. Verás una gran mejora en poco tiempo.

Sé receptivo

Experimentamos el mundo físico a través de los cinco sentidos: el gusto, el tacto, la vista, el olfato y el oído. Mediante estas facultades interactuamos con nuestro entorno exterior. Podemos decir si algo tiene buen aspecto, sabe mal o suena bien. Sin embargo, cada sentido tiene un rango de sutilezas. La calidad de nuestra experiencia se corresponde con la sensibilidad a esas sutilezas. Para mejorar la sensibilidad se pueden afinar los sentidos físicos. Los enólogos perfeccionan sus paladares. Con un sorbo pueden detectar una pizca de especia, el sabor del chocolate o el sutil gusto de la menta. Las personas con papilas gustativas no educadas, por el contrario, no pueden sentir la diferencia entre un Beaujolais y un Cabernet.

Los artistas cultivan su vista y pueden distinguir sutilezas de colores y estilos. Al contemplar un retrato, por ejemplo, pueden decir si el color del tono de una piel es cálido o frío. Las personas con la vista sin entrenar sólo verán el color de la carne.

Los músicos desarrollan un oído muy agudo. Saben si cantamos fuera de tono, en una clave incorrecta o sin llevar el ritmo. Sin embargo, una persona con el oído sin refinar sólo sentirá que algo suena mal.

Los perfumistas educan su nariz y saben si un aroma es una mezcla de jazmín y rosa, o de neroli y sándalo. La persona media tal vez no distinga entre el perfume de una rosa real y un perfume artificial.

Los fisioterapeutas desarrollan un tacto muy perceptivo. Sus sensibles dedos pueden distinguir los nódulos que tenemos en los hombros y, por ello, pueden relajarlos. Sin ese entrenamiento, la mayoría de la gente no siente la diferencia entre una camisa hecha de poliéster y otra de seda.

¿Qué quiero decir con todo esto? Desarrollar nuestros sentidos aporta calidad a la forma en que experimentamos la vida. No hay ningún problema en no poder distinguir el poliéster de la seda. El hecho de preferir la comida rápida a platos propios de gourmet no nos convierte en malas personas. Sin embargo, hay una riqueza extra que sólo se muestra disponible cuando nuestros sentidos están refinados y sintonizados con las sutilezas sensoriales.

Uno de nuestros sentidos puede estar más desarrollado que otros. Nuestras papilas gustativas pueden ser sensibles, aunque nos falte refinamiento táctil. Podemos tener el oído bien entrenado, pero nada de agudeza visual, o al contrario. Lo mismo ocurre con nuestros *sentidos psíquicos*.

Tal como experimentamos el mundo *exterior* mediante nuestros sentidos físicos, del mismo modo experimentamos el mundo *interior* con nuestros *sentidos psíquicos*. Recordamos vidas pasadas y recibimos información de nuestro yo superior principalmente a través de las siguientes facultades:

- Clarividencia, que significa *visión clara*
- Clarisapiencia, que significa *conocimiento claro*
- Clarisintiencia, que significa *sentimiento claro*

Igual que nuestros sentidos físicos, todos hemos desarrollado nuestros sentidos psíquicos en distinto grado. En mis seminarios, antes de hacer una regresión a vidas pasadas, pido a los participantes que visualicen sus cocinas. Esto les ofrece la oportunidad de utilizar sus sentidos psíquicos y determinar lo desarrollados que pueden estar.

Puesto que la mayoría de la gente se orienta visualmente, tiene una capacidad clarividente más fuerte. Pueden cerrar sus ojos y recordar una imagen clara de su cocina. Pueden verla con el ojo de la mente con los detalles perfectos y en color, como si fueran fotógrafos. Cuando estas personas reciben un mensaje mientras están en trance, les llega en forma de imagen de algún tipo.

Pero algunas personas simplemente no pueden visualizar ese tipo de escenas. Por ejemplo, cuando intentan representarse su cocina en su mente, todos ven que es negra. Quienes tienen la capacidad de la clarisapiencia pueden recibir datos de sus yos superiores en forma de la sensación de saber algo, en este caso su cocina. Cuando sabemos quién llama cuando suena el teléfono (y no tenemos identificador de llamadas), estamos utilizando este sentido psíquico.

Otras personas son clarisintientes: confían en sus premoniciones o corazonadas. En su vida diaria, estas personas son empáticas y normalmente pueden intuir lo que otras piensan o sienten. Obtienen una sensación de su cocina cuando intentan representársela, en lugar de visualizarla. Tal vez no puedan visualizar el recuerdo de una vida pasada; en su lugar, pueden tener alguna sensación en su cuerpo.

Otros sentidos psíquicos que se desarrollan con menos frecuencia son el clarigusto, o gustar claramente, la capacidad de saborear una sustancia sin poner nada en la boca; la clariaudición u oído claro, la capacidad de recibir mensajes espirituales mediante canciones o sonidos; el clariolfato u olfato claro, la capacidad de oler un aroma que procede de ámbitos espirituales; y el claritacto, también llamado psicometría, la capacidad de coger un objeto y reunir información previamente desconocida sobre el artículo, su dueño o su historia.

En raras ocasiones ha habido personas que han tenido experiencias olfativas durante una regresión a vidas pasadas. Yo sólo he conocido a dos clientes que han experimentado un recuerdo de vidas pasadas mediante el clarigusto. Una recordó haber sido un inuit o esquimal, y tuvo en su boca un sabor a pescado durante la regresión. El otro recordó haber sido un mutilado que mendigaba en las calles de Hong-Kong, y saboreó lo que creía ser opio.

Tú eres único

Todo el mundo experimenta de forma distinta una vida pasada. Nuestros sentidos psíquicos se desarrollan a diversos niveles, por lo que recuperamos información de nuestros sentidos internos utilizando diferentes sentidos psíquicos.

Marty, a quien hice una regresión en una conferencia sobre la Nueva Era, supone un ejemplo de distintos niveles de sentidos psíquicos en acción durante la regresión. Marty era callado y tímido. Siempre que intentaba compartir sus creencias e ideas tenía un ataque de ansiedad. Su corazón se disparaba y las palmas de sus manos sudaban.

Cuando entró en un estado profundo de relajación, Marty viajó en el tiempo, miles de años atrás. Mientras estaba en trance, se *vio* a sí mismo como un hombre que llevaba una larga toga blanca y que estaba de pie en un mercado al aire libre, en el centro de una pequeña ciudad del Medio Oriente (clarividencia). También *supo* que era un predicador y que viajaba de ciudad en ciudad (clarisapiencia).

Cuando le pedí que fuera a la fuente de su problema, dijo: «Veo que estoy rodeado por una multitud de gente enfadada».

Después tuvo una reacción *emocional* –miedo– y empezó a respirar rápidamente. Dijo con terror: «¡Me están tirando piedras!».

Cuando le pregunté lo que ocurría, dijo: «Tengo un dolor en mi caja torácica. Es como si mi pecho hubiera sufrido un golpe». Marty *sintió* que el lado derecho de su caja torácica estaba siendo golpeado (clarisintiencia). No lo vio.

Le pedí a Marty que liberara de su memoria esta muerte traumática visualizando una piedra grande que salía de su pecho. Conforme la piedra se alejaba, exhaló un profundo suspiro de alivio.

Marty no accedió a una larga y detallada historia en su regresión a vidas pasadas. No sabía su nombre, el año exacto ni un lugar específico. En su lugar, recibió algunas impresiones que le permitieron superar su incapacidad de expresarse.

Marty experimentó una transformación inmediata. Durante el resto de la conferencia, muchas personas comentaron que parecía otro hombre. En las clases a menudo levantaba la mano, deseando compartir. Cuando se le solicitaba, podía hablar sin problemas y con facilidad.

Sintonizando tus sentidos psíquicos

Igual que puedes refinar tus sentidos físicos, puedes también agudizar tus facultades internas, tus sentidos psíquicos. Puedes aprender a tonificar estos músculos, ¡trabajar estos músculos del alma! No obstante, recuerda que, si estás en mala forma física, no comienzas levantando pesos pesados; probablemente sentirás tensión, frustración y no cumplirás tu objetivo. Comienzas levantando pesos más ligeros hasta que te sientes cómodo, fuerte y flexible. Después pasas a levantar pesos más pesados. Ajustar las capacidades psíquicas conlleva práctica y requiere paciencia.

Los cristales pueden mejorar el acceso a la sabiduría de tu alma. Un solo cristal de cuarzo pulido, colocado en tu frente y apuntando hacia abajo puede amplificar tu capacidad de visualizar. Sujetar un cristal en la mano mientras practicas las meditaciones también puede intensificar tu experiencia.

Esencias florales, plantas y cristales potenciadores de la psique

Prueba a trabajar con uno o más de los siguientes elementos para afianzar tu proceso de curación:

- **Artemisa:** mejora tu capacidad psíquica (dormir con una almohada hecha de hojas de artemisa secas puede mejorar tu capacidad de recordar los sueños).
- **Esencia floral de castaño blanco:** ayuda a tranquilizar tu mente
- **Esencia floral de alegría de la casa:** supera la resistencia a dedicar tiempo a cultivar tu vida interior.
- **Cristal de piedra lunar:** ayuda a tu receptividad psíquica cuando la lleves como adorno.
- **Cristal de cuarzo:** cuando se coloca bajo la almohada, ayuda a la mente subconsciente a resolver problemas mientras se duerme.

Descubre tu ejercicio para los sentidos psíquicos

El primer paso, al experimentar una vida pasada, es descubrir cuál de tus sentidos psíquicos es el más fuerte; esto normalmente se corresponderá con la forma en que solemos recibir la información. ¿Eres más visual, cognoscente u orientado a los sentimientos? Utiliza tu diario para documentar tu experiencia.

Tal vez quieras grabar este ejercicio para poder practicarlo y dominar esta técnica. Si es así, dedica tres minutos a la visualización. Habla lenta y pausadamente, con una breve pausa después de cada frase.

Procura que no te molesten. Olvida todas tus preocupaciones. Acude al espacio sagrado que hayas creado. Si es de noche, apaga las luces. Si es de día, baja las persianas. Enciende una vela o quema incienso para generar una atmósfera tranquila. Pon una música suave para tener un ambiente tranquilo.

Estírate en una posición cómoda en tu espacio sagrado. Cierra los ojos y respira profundamente. Practica la técnica de relajación corporal. Siente la respiración moverse por tu cuerpo en forma de sutil oleada. Cuando inspires, inspira paz. Al espirar, deja ir toda la tensión. Inspira, respira relajación. Espira, déjate ir un poco más. Sigue respirando profundamente durante un minuto o dos.

Con los ojos cerrados, recuerda tu cocina actual. Mira al suelo. ¿De qué material está hecho? ¿Cómo se siente uno al pisar con los pies descalzos? ¿Cuál es la temperatura en la sala? ¿Cómo se siente el aire contra la piel? ¿De qué color son las paredes? ¿Escuchas algún sonido? ¿Notas algún olor? Fíjate en el fregadero. ¿Hay platos en él? ¿O está vacío? Ve y toca algo que atraiga tu atención. ¿Cómo te sientes?

Ahora olvídate de todo esto. Hazte una idea de la sala en la que estás. Siente tu cuerpo. Abre los ojos lentamente y regresa al presente.

Registra tu experiencia contestando a las siguientes preguntas en tu diario:

¿Cómo fue tu experiencia clarividente?

- ¿Era tu cocina un cuadro? Si es así, haz un boceto, aunque creas que no sabes dibujar. ¿Puedes verlo con todo detalle?
- ¿Pudiste ver si había platos en el fregadero o si estaba vacío?
- ¿Percibiste algún color?
- ¿Te sentiste como si estuvieras viendo una película de tu cocina?

¿Cómo fue tu experiencia clarisintiente?

- ¿Pudiste sentir el aire contra tu piel o el suelo en los pies descalzos?
- ¿Qué objeto atrajo tu atención? ¿Lo tocaste? ¿Cómo era?
- Anota cualquier sensación corporal que experimentaras.
- ¿Te sentiste como si estuvieras de pie en tu cocina?
- ¿Notaste algún sonido u olor?

¿Cómo fue tu experiencia clarisapiente?

- ¿Fuiste incapaz de ver o sentir nada de tu cocina, pero *sabías* el color de las paredes, la temperatura de la sala y si había o no platos en el fregadero?
- ¿Fuiste incapaz de ver o sentir algún objeto especial, pero sabías qué era ese objeto?
- ¿Te sentiste como si estuvieras flotando en la cocina?

¿Cómo fue tu experiencia en conjunto?

- ¿Fuiste a una cocina que no te resultaba familiar?
- ¿Visitaste más de una cocina?
- Anota cualquier emoción que sintieras mientras recordabas tu cocina.
- ¿Tuviste algún recuerdo de la niñez? Si es así, ¿es tu yo superior diciéndote que liberes algo?
- ¿Eres más visual, sapiente u orientado a los sentimientos?

La mayoría de las personas tienen una combinación de percepciones visuales, cognitivas y sentimientos. Sea lo que sea lo que experimentes, resulta adecuado para ti. No hay ningún medio mejor que los demás.

A veces, la gente empieza a procesar recuerdos de su juventud después de hacer este sencillo ejercicio. Mientras dirigía una sesión de grupo pedí a todos los participantes que compartieran sus experiencias. Un hombre había recordado la cocina de su niñez. Su familia había sido muy pobre y se le saltaron las lágrimas mientras liberaba un recuerdo doloroso. Una mujer con problemas de peso descubrió que estar en la cocina no era agradable; el enfado y la ansiedad aparecieron durante el ejercicio, y se dio cuenta de que, cada vez que se sentía mal, asaltaba el frigorífico. Algunas personas van a cocinas de otras vidas. Una mujer recordó una cocina de una cabaña de madera sin tuberías en el interior, que no había conocido en esta vida.

Practica el hecho de recordar tu cocina para sentirte más cómodo con la ejercitación de tus músculos psíquicos. Este ejercicio te preparará para recuperar información mientras estás en trance, y para visualizar cómo te liberas de tus problemas. Confía en tu experiencia mientras aprendes a navegar por tu mundo interior.

Ejercicio de clarisintiencia

Aunque muchas personas observan que su sentido psíquico más fuerte es la clarividencia, si descubres que tu sensación psíquica es más fuerte es porque tienes capacidades clarisintientes. Tus presentimientos tienen un fuerte componente quinestésico. Puede que tengas una sensación física en algún lugar de tu cuerpo o alguna respuesta emocional, cuando este sentido psíquico esté en funcionamiento. Aunque se les llame «sensaciones viscerales», la intuición no está localizada en estos órganos. Tu clarisintiencia puede percibirse en otra parte de tu cuerpo. Para descubrir qué parte de tu cuerpo es más receptiva a los estímulos psíquicos, practica este ejercicio.

- Recuerda alguna vez en que hayas tenido una experiencia clarisintiente. Quizás fuera una primera impresión, cuando conociste a alguien nuevo. Tal vez tuvieras una buena sensación al presentarte, y la persona después demostró ser un buen amigo.
- Recuérdate en aquel momento. ¿Cuál era tu aspecto? ¿Cómo sonaban tus palabras? ¿Qué sensaciones físicas tenías en tu cuerpo? ¿Qué emociones sentías?

Cuanto más concreto puedas ser al describir los indicios físicos que acompañaron a tu experiencia clarisintiente, más fácil te resultará reconocer y confiar en esta habilidad en el futuro.

Visualiza el bienestar

Ahora que has establecido tu intención, habrás aprendido a relajarte y habrás descubierto cómo ser receptivo mientras estás en trance. El siguiente paso es aprender a ser activamente creativo con tu mente al usar la visualización.

La visualización te permitirá liberarte de bloqueos kármicos o bloqueos energéticos relacionados con el problema de tu alma. Estos bloqueos están compuestos de pensamientos negativos enterrados y de emociones relacionadas con experiencias pasadas.

Cuando no transformamos nuestro dolor, ira, odio o miedo en amor y perdón, reprimimos una energía que debería liberarse. Después se queda estancada en nuestro campo energético. Cuando no curamos nuestro dolor, nuestros pensamientos y juicios reprimidos cristalizan en actitudes autodestructivas y respuestas automáticas. Los bloqueos a menudo incluyen sensaciones corporales como tensión, opresión o dolor.

Por ejemplo, supongamos que descubres que tu amante te engaña. En lugar de resolver el problema, dejas de hablarle. Al no perdonar, reprimes el resentimiento. Tomas la decisión de no volver a querer. Diez años después, tal vez estés soltero, solitario y deseando tener pareja. De algún modo, has ganado diez kilos que se han acumulado alrededor de tu vientre, generando una barrera protectora. A lo largo de los años has desarrollado problemas digestivos. Te preguntas por qué no atraes a ninguna pareja amorosa, aunque haces vida social y has recurrido a un servicio de citas. Parece que no puedes encontrar a nadie especial porque has olvidado que tomaste la decisión de no querer. Este molde de pensamiento queda incrustado en el dolor de la traición, en lo más profundo de tu ser, junto con el miedo de mostrarte vulnerable ante otra persona. Sin saberlo, has enterrado la ira, el miedo y el odio en tu vientre.

Los bloqueos pueden ser grandes o pequeños, dependiendo del tamaño del problema. Los problemas relacionados con eventos traumáticos o abusos tardan más en curar. A menudo, estos bloqueos se acumulan vida tras vida, hasta que estamos listos para tratar los problemas y librarnos de ellos.

Cada sesión curativa que hagas será diferente. A veces, tu sesión será ligera y estimulante, otras pueden parecer pesadas y profundas.

La clave para la visualización es concentrar tu mente, lo que mejorará tu capacidad de concentración. Esta técnica te ayudará en todos los aspectos de la vida. Podrás realizar tareas concretas más rápidamente, dirigiendo tu atención a una cosa cada vez, sin distraerte. Los cuatro ejercicios de visualización siguientes deberían durar más de cinco minutos cada uno.

Visualización postimagen

Siéntate erguido en una silla cómoda, en una sala oscura. Coloca una vela encendida, a unos sesenta centímetros de distancia delante de ti, a la altura de los ojos. Mira fijamente a la llama durante algunos minutos. Cuando cierres los ojos, aún podrás ver la llama con el ojo de tu mente. Concéntrate en esta postimagen durante un minuto o dos. Practica esto hasta que puedas mantener la imagen de la llama de la vela con el ojo de tu mente durante cinco minutos. Lleva un seguimiento de tus progresos en el diario.

Visualización con cartas de tarot

Compra un juego de cartas de tarot Los Arcanos. Saca la carta llamada «El mago». Siéntate erguido en una silla, con la columna recta, y coloca la carta sobre una mesa delante de ti. Concéntrate en la carta. Capta la imagen completa: los colores, la figura, las rosas y los lirios del jardín, y la mesa. Cierra los ojos y prueba a ver qué parte de la carta puedes recordar con el ojo de tu mente. Practica esto hasta que puedas recordarla detalladamente.

Una vez que has dominado el arte de la visualización creativa, es importante aprender a disolver tus imágenes. Practica el siguiente ejercicio hasta que puedas efectuarlo con facilidad.

Visualización de destrucción de imágenes

Siéntate erguido en una silla, con la columna recta. Imagina una rosa blanca encerrada en una burbuja de luz de color rosa que flota a unos treinta centímetros delante de ti. Una vez que la hayas imaginado, piensa que desaparece. Practica a crear y destruir esta imagen todos los días durante unos cinco minutos, hasta que puedas hacerlo fácilmente.

Cuando puedas visualizar creativamente y desmaterializar imágenes, podrás reprogramar tu conciencia. Esta técnica te permitirá liberarte de patrones negativos y generar nuevas imágenes positivas.

Visualización de sanación kármica

Ahora que ya puedes visualizar la creación y disolución de imágenes, estás listo para experimentar la fórmula que te permitirá disolver un bloqueo kármico o energético.

1. Mientras te encuentras en estado de profunda relajación, pasa revista a todo tu cuerpo.
2. Reconoce cualquier tensión, dolor o pesadez.
3. Asigna una imagen a la sensación corporal. ¿Se siente como una bola de plomo en tu pecho? ¿Un montón de chicle en tu gar-

ganta? ¿Un volcán en erupción en tu estómago? Asígnale una imagen específica.
4. ¿De qué color es? ¿Cuánto pesa? ¿De qué tipo de material está hecha?
5. Una vez que hayas asignado un color, una forma, un peso y un material a tu sensación corporal, estarás listo para destruir la imagen.

Decide cómo librarte de la imagen que has creado. Sé creativo. Puedes visualizar marcianos que se la llevan al espacio exterior, o destruyéndola con explosivos. Puedes visualizar tu personaje favorito de dibujos animados comiéndosela. *Es muy importante que destruyas la imagen de tu bloqueo energético.*

Una vez se haya marchado la imagen visualizada que has creado, debes sustituirla con luz blanca. Llena ese espacio de tu cuerpo con la luz del amor universal. Yo a veces utilizo colores específicos, pero se trata de una técnica más avanzada. Por ahora, será suficiente trabajar con luz blanca básica.

Cuando hayas terminado de visualizar la luz, es el momento de utilizar una afirmación. Las afirmaciones son pensamientos positivos que sugieres repetidamente a tu subconsciente. Pueden ayudarte a conseguir tus objetivos cambiando tu actitud, sustituyendo los pensamientos negativos por otros positivos. Puedes cambiar cualquier pensamiento por una afirmación. Por ejemplo, «no soy suficientemente bueno» puede cambiarse por «soy perfecto tal como soy ahora». Al final de cada meditación serás guiado para utilizar esta técnica a fin de sanar y transformarte. Incluiré algunas sugerencias sobre la afirmación del final de cada meditación, pero siente total libertad para lanzarte y hacerlo a tu manera.

Tratamiento con esencias florales

El paso final del proceso de sanación kármica consiste en tomar una esencia floral durante un mes para reforzar la sesión curativa. No es totalmente necesario, pero he descubierto que esto mejora la capacidad de transformación.

Siempre hemos utilizado flores para expresar nuestras emociones. Las usamos en las bodas, las celebraciones y las vacaciones para expresar nuestra alegría. Enviar flores el día de San Valentín supone declarar un mensaje de amor, y un bouquet de flores entregado en mano representa una disculpa. Un jarrón de flores al lado de una persona que se encuentra en un hospital expresa el deseo de recuperación. Una corona enviada a un funeral nos ayuda en nuestro dolor y nuestro duelo.

El doctor Edward Bach, médico y científico británico, descubrió que ciertas flores específicas pueden ayudar a resolver determinados problemas emocionales y mentales. La sutil energía de las flores aporta su potencia curativa. Las esencias de flores comerciales contienen cantidades infinitesimales del material vegetal. Las flores se recogen en el punto crítico de su período de floración y se colocan en envases de cristal con agua destilada, durante unas tres horas, mientras se exponen a la luz solar. Después se quitan las flores y el agua que queda se conserva en coñac. La estructura molecular del agua se queda cargada e impresa con el patrón del alma de la esencia vibracional de las flores. Es esta marca vegetal lo que cura.

Las esencias florales pueden mejorar nuestras experiencias interiores, ayudar a liberar los traumas emocionales y los patrones de pensamiento autodestructivos, y eliminan otros problemas, como por ejemplo la indecisión, el miedo, el agotamiento mental o la desesperanza. No son tóxicas ni adictivas y pueden emplearse sin problemas junto con otros medicamentos. Es mejor tomar cantidades muy pequeñas de una esencia floral durante un período de tiempo mayor que tomar todo de una vez. Dos gotas, cuatro veces al día, es una dosis media. Las esencias se colocan bajo la lengua, se toman con un vaso de agua o se frotan detrás de los lóbulos de las orejas.

Las esencias florales se han hecho tan populares que muchas otras empresas, además de Bach Flowers, han aparecido con el paso de los años. Recomiendo remedios florales en cada capítulo del libro, y en lecturas y recursos recomendados.

Resumen

Ahora que has aprendido las técnicas básicas de la sanación kármica –establecer una intención, relajarte, ser receptivo, visualizar el bienestar y tratarte con esencias florales–, puedes empezar a explorar cómo funciona el karma en tu vida. Si eres nuevo en esta tarea, sé paciente contigo mismo. Cuando hayas dominado los ejercicios de relajación, concentración y visualización, tu vida mejorará, aunque no hayas experimentado una vida pasada. La práctica hace la perfección. Si dedicas tiempo a la tarea, tus esfuerzos se verán recompensados. En el capítulo siguiente aprenderás a descubrir tus bloqueos kármicos, a detectar los problemas de tu alma no resueltos, y empezarás a sanar.

Capítulo 2

Actos de sanación aleatorios

No hay por qué creer en vidas pasadas para beneficiarse del proceso de sanación kármica. Cuando uno está preparado para sanar en lo más profundo, crea las condiciones para que se desencadenen emociones intensas, que surgen inesperadamente. Estos sentimientos, relacionados con problemas del alma no resueltos pueden no estar asociados a circunstancias actuales. En este capítulo aprenderás a detectar, hacer aflorar y solucionar tus problemas aplicando los cuatro pasos de la sanación kármica: recuperación, recuerdo, reprogramación y refuerzo.

Apariciones kármicas

¿Has experimentado alguna vez un *dèjá vu*? Entras en una cafetería y sientes como si hubieras estado allí antes, pero ésa es tu primera visita. Ves un documental sobre la Revolución Francesa y te parece muy familiar, aunque no la hayas estudiado detalladamente en la escuela. Visitas otro país y es como si hubieras vuelto a casa. No hay forma de explicar estos sentimientos que parecen no tener relación con el presente.

Llamo *apariciones kármicas* a las emociones y respuestas emocionales que salen a la superficie fuera de contexto, porque surgen impredeciblemente. Éste es el procedimiento que utiliza tu alma para atraer nuestra atención. Las apariciones kármicas son como la alarma del despertador. Pueden surgir en nuestra conciencia cuando menos las esperamos. La mayor parte de las ocasiones no somos conscientes del origen de estos sentimientos inexplicables. A veces nuestras reacciones son tan abrumadoras que sentimos la necesidad de buscar ayuda profesional, como en el caso de Jamilla. Aunque había tenido una experiencia de vidas pasadas mucho antes de conocerme, deseaba compartir su historia porque era muy intensa.

Jamilla estaba obsesionada por el mismo sueño recurrente desde hacía años.

—Estoy de pie en la parte superior de la escalera de una mazmorra. Dos hombres vestidos de guardias me sujetan los brazos. Me obligan a bajar las escaleras, hacia una enorme puerta de madera. Mi corazón palpita mientras intento gritar, pero cuando abro la boca no sale ningún sonido. Cuando llego a la puerta, me despierto. Gotas de sudor caen por mi frente, y mi garganta está reseca –explicaba.

Jamilla nunca pensó que su sueño tuviera algo que ver con alguna vida pasada, del mismo modo que nunca pensó que su miedo a entrar en ascensores con alguien fuera significativo. Sin embargo, cambió de opinión cuando viajó a África, en un peregrinaje para conectar con sus raíces. Durante su estancia en Ghana lo pasó muy bien, disfrutó de la gente, del país y del mar. Pero cuando visitó los castillos de esclavos de la Costa Dorada, se puso nerviosa e inquieta.

A finales del siglo XV se encarcelaba a los pobladores en estos «castillos», antes de meterlos en barcos y venderlos como esclavos. Los castillos eran lugares de tortura, sufrimiento y dolor. Cuando el guía del viaje invitó a Jamilla a descender por las escaleras para ver «la puerta del no retorno», ella experimentó una aparición kármica.

El corazón de Jamilla se aceleró y tuvo miedo de que ocurriera algo terrible. Estaba tan alterada que no pudo continuar con la visita. Salió del castillo y esperó en el autobús a su marido y al resto del grupo. No se sintió bien hasta que se subió al avión para regresar a casa el día siguiente.

Quedó tan impresionada por la experiencia vivida en los castillos de esclavos que quiso hacer una regresión a vidas pasadas cuando volvió a Estados Unidos. En estado de trance, Jamilla inmediatamente se dirigió a la escalerilla de sus pesadillas recurrentes: la escalerilla del castillo de esclavos que conducía a la mazmorra.

—¡Oh, Dios mío! Hay gente encadenada al muro. ¡A algunos los marcan con hierros ardiendo! El hedor es insoportable –dijo.

Mientras seguía en trance profundo, Jamilla jadeó para coger aire. Empezó a toser como si se estuviera atragantando. Gritó de terror.

—No se oye nada. No puedo soportar el silencio. Todos están muertos. Soy la única que queda –añadió.

Su pecho se agitó como si liberase el dolor profundamente asentado que retenía en su corazón. Después dijo que necesitaba una buena noche de sueño tras la sesión, pero al menos pudo descansar sin problemas.

Han pasado ocho años desde la regresión y Jamilla nunca más ha tenido esa pesadilla. Su miedo a estar en ascensores llenos de gente también ha desaparecido. Dijo que desde la regresión descubrió que su hogar colonial histórico formaba parte del Ferrocarril Subterráneo. Era una extraña coincidencia que los abolicionistas utilizaran su sótano para esconder a los esclavos que escapaban al norte, para conseguir la libertad, antes de la Guerra Civil.

Las cuatro etapas de la sanación kármica

Ahora ya estás preparado para practicar la curación kármica siguiendo estos sencillos pasos:

- **Recuperar:** señala tus problemas kármicos respondiendo a preguntas específicas de los apartados dedicados a los detectores kármicos emocionales, físicos y mentales. Después pide a tu yo superior que te guíe mientras practicas los siguientes ejercicios activadores.
- **Recordar:** recuerda los hechos de tus vidas pasadas practicando la meditación regresiva.
- **Reprogramar:** utiliza las visualizaciones y afirmaciones para activar patrones negativos y grabar nuevas imágenes positivas en tu mente.
- **Reforzar:** toma esencias florales específicas para reforzar tus nuevas actitudes y conductas.

Escoge un objetivo de tu diario. ¿Qué quieres explorar? Cuanto más clara sea tu intención de sanar, más fácil será saber cuándo estás liberado.

Los ejercicios de activación pertenecen a tres categorías: emocional, física y mental. Puede que descubras que una categoría es más apropiada para ti. Si es así, sigue trabajando con esa categoría hasta que quedes liberado. Una vez lo consigas, te dirigirás a la meditación del espejo mágico (más adelante, en este capítulo). Comienza el proceso de sanación kármica contestando a las preguntas del siguiente ejercicio.

Desencadenantes kármicos: Recuperar

Si puedes aceptar que estamos aquí en la Tierra para aprender y desarrollar nuestra espiritualidad, la vida se convierte en un don sagrado. Todas las experiencias pueden acercarnos más a nuestra propia iluminación. Experimentar apariciones kármicas es una bendición. Aunque nuestras reacciones emocionales parezcan desagradables o difíciles, ofrecen una oportunidad para transformarnos. Si emprendemos acciones, cuando nuestro yo espiritual nos impulsa a hacer trabajo de desarrollo espiritual, podemos liberarnos de las ataduras kármicas.

Llamo *desencadenantes kármicos* a las circunstancias que generan apariciones kármicas. Cuando Jamilla visitó los castillos de esclavos, se desencadenó su aparición kármica. Al encontrar un terapeuta de vidas pasadas pudo liberarse de su pesadilla recurrente y curar su claustrofobia.

No te recomiendo que visites lugares donde se han cometido atrocidades, a menos que estés preparado para manejar los traumas o sentimientos desagradables que pueden desencadenarse. Si sufres ansiedad o miedo intensos, por favor, busca algún terapeuta que te ayude a curarte.

No obstante, lo que yo observo es que, cuando pedimos consejo conscientemente a nuestro yo superior, nuestras peticiones están garantizadas. Pero el mensaje que recibimos puede llegar de forma sorprendente. Los desencadenantes kármicos se clasifican en tres categorías: cuerpo, mente y espíritu. Pueden afectarnos emocionalmente, físicamente y mentalmente.

Desencadenantes kármicos emocionales

Visitar otros países, sitios sagrados, o incluso un lugar histórico, puede a veces estimular el material de vidas pasadas y afectarnos emocionalmente.

Por ejemplo, Marsha tuvo una reacción extraña mientras visitaba a una amiga de Filadelfia. Cuando llegó a la puerta de la casa victoriana que su amiga acababa de comprar, Marsha tuvo un ataque de ansiedad. Su corazón se aceleró y se apoderó de ella un sudor frío. Mientras entraba en la casa, sucedió algo extraño. En el mismo momento en que pasaba por la puerta, sabía exactamente dónde se había tapado con ladrillos una chimenea y que habían quitado una pared del salón. Conocía la estructura de la casa antes de que su amiga se la enseñara. Todas las habitaciones en las que entró le resultaban familiares. Pero no pudo entrar en el baño. No podía decírselo a su amiga porque temía que pensara que estaba loca. Así que se quedó en la entrada y respiró profundamente varias veces. Cuando se alejó, un viento cálido secó su sudor frío y se sintió a salvo y aliviada.

Marsha se sintió tan inquieta por su experiencia que le afectó durante varias semanas. Por último, superó su aprehensión inicial a pedir ayuda espiritual y me llamó. Le dije que una regresión a vidas pasadas podría servir para estabilizar su mente. Cuando acudió a mi consulta para la sesión, se sorprendió de lo que experimentó durante su regresión.

—Cuando miro hacia abajo, veo una delicada mano con la piel blanca, que sostiene un tenedor plateado. Estoy sentada a una mesa para comer, en un salón para banquetes. Larry, el ayudante de mi marido, está sentado a mi izquierda. Mi marido, Andrew, a mi derecha. Tiene el pelo oscuro, una barba bien recortada y grandes ojos de color castaño. Me coge la cara con la mano y me besa. Estoy muy orgullosa de él. La cena es en su honor. Acaba de recibir algún tipo de premio.

El maestro de ceremonias me pide que me levante. Toda la sala aplaude porque reconocen mi contribución al proyecto. Mi corazón palpita. Mientras me siento, no entiendo la fulgurante mirada que me lanza Larry –explica.

Marsha sabía que estaba en Filadelfia y que su nombre era Deborah. Cuando le pregunté cómo pasaba la mayor parte del tiempo, dijo:

—Trabajo para Andrew. Le ayudo en su investigación médica.

Le pido que vaya a la raíz del problema.

Marsha empezó a temblar y corrieron lágrimas por su cara.

—Me estoy relajando en una enorme bañera. Oigo cómo chirría la puerta del baño al abrirse. De repente, un hombre aparece detrás de mí y empuja mi cabeza hacia el agua. Lucho por subir, pero cada vez que lo hago mi cabeza vuelve de nuevo a sumergirse. Sacudo los brazos para luchar contra mi atacante. Intento gritar, pero no sirve de nada. Me ahogo. Antes de perder la conciencia, veo a mi asesino. ¡Es Larry! Dice: «Me tenían que haber aplaudido a mí».

Marsha siguió llorando. Cuando se liberó de toda su tristeza, se visualizó extrayendo del corazón un clavo de diez centímetros con un imán gigante. Marsha llenó el sentimiento de vacío que había dejado en su corazón con una luz de color rosa, que le aportó sanación y paz.

Cuando salió del trance, dijo:

—¡Vaya! ¿De verdad viví en Filadelfia, en la casa de mi amiga? Eso explica por qué siempre he tenido miedo al agua. Toda la vida he preferido ducharme antes que bañarme, y nunca he aprendido a nadar. No puedo aguantar estar sumergida en el agua. Siento ansiedad cuando me acerco a una piscina.

Le recomendé que tomara la esencia floral de mimulus para que le ayudara a seguir liberándose de su miedo al agua.

Un mes después, Marsha me telefoneó desde Atlantic City. Era la primera vez que había visto el océano Atlántico. Me dijo: «¡Lo hice! Me sumergí en el agua. Resultó muy divertido! Fue el beneficio de haber hecho la regresión».

Marsha nunca pensó que una visita a la casa de una amiga la llevaría a un viaje de sanación que la liberase de su miedo al agua. Podemos pensar que fue simplemente una coincidencia lo que la llevó a esa casa. Pero, cuando se producen coincidencias o sincronicidades, normalmente es un mensaje de nuestro yo superior que nos indica que prestemos atención.

Tus detectores kármicos emocionales

A continuación se analiza el primer paso del proceso de curación kármica: *recuperar*. Hazte a ti mismo las siguientes preguntas para detectar material kármico relacionado con tus experiencias emocionales, y después anota tus respuestas:

- ¿Prefieres el clima frío o cálido? ¿Cómo te sientes cuando el tiempo está húmedo? ¿Y frío y con niebla?
- ¿Prefieres estar en las montañas? ¿Bosques húmedos? ¿Desiertos? ¿Bosques? ¿Selvas? ¿Qué hay de especial en estar en ese tipo de territorio? ¿Cómo te sientes allí?
- ¿Prefieres estar en la playa? ¿En el océano? ¿En un lago? ¿Al lado de un río? ¿Qué hay de especial en estar al lado de esa clase de agua?
- ¿Prefieres vivir en la ciudad o en el campo? ¿Por qué?
- ¿Dónde te gusta ir de vacaciones? ¿Prefieres ir a ciudades muy habitadas y activas, o a lugares remotos y salvajes?
- ¿Buscas el sentido oculto cuando ocurre alguna coincidencia en tu vida? Redacta un párrafo en el que describas al menos una coincidencia importante.
- ¿Qué tipos de arquitectura te gustan? ¿Clásica? ¿Moderna?
- ¿Prefieres un tipo específico de casa? Construida de adobe, piedra, ladrillos, madera o alguna otra cosa? ¿Prefieres el estilo victoriano? ¿Colonial? ¿Rancho? ¿Estilo español? ¿Otro? ¿Hay estilos particulares de arquitectura que te desagraden? Explícalo.
- ¿Tienes algún sueño recurrente? Si es así, descríbelo. ¿Quiénes son los personajes principales? ¿Qué papel desempeñas tú en el sueño?
- ¿Tienes fobias o miedos irracionales? ¿Cuáles son? ¿Cuándo empezó ese miedo?

- ¿De qué tipo de música disfrutas? ¿Escuchas música internacional, clásica o popular?

Si las respuestas a estas preguntas revelan alguna idea relacionada con tu objetivo, sigue trabajando con el ejercicio siguiente. Si no tienen relación, comienza leyendo la sección de desencadenantes físicos.

Tus desencadenantes kármicos emocionales

No todos los recuerdos de vidas pasadas son traumáticos. Algunos desencadenantes kármicos nos aportan sentimientos agradables. Probablemente habrás notado que la música puede afectar a tu estado de ánimo. La música de ritmo rápido es energizante y hace que quieras mover todo el cuerpo. La música lenta es relajante.

Escuchar música es un maravilloso desencadenante para apariciones de vidas pasadas de carácter emocional. Mi alumno Mike se sintió inesperadamente estimulado cuando conducía hacia el trabajo una mañana, mientras escuchaba tambores de americanos nativos en la radio de su coche. Al detenerse en un semáforo tuvo una experiencia extraordinaria. El latir monótono del tambor le colocó en un ligero trance e hizo que surgiera el recuerdo de una vida pasada.

En el ojo de su mente, vio a un hombre con una espesa barba negra. Sabía que era un trampero y que vivía en un poblado de americanos nativos en el siglo XVIII. Sentimientos de amor y aceptación calentaban su corazón, ya que sabía que la tribu le aceptaba, aunque fuese un hombre blanco.

Los sentimientos eran tan fuertes que sus ojos se llenaron de lágrimas. Pronto despertó del trance con el sonido del claxon de los coches.

Ejercicio de desencadenante kármico emocional

Para hacer que irrumpan en tu conciencia apariciones emocionales de vidas pasadas, prueba una de estas técnicas desencadenantes:

- Viaja a pueblos, ciudades o países desconocidos. Presta atención a cualquier sentimiento inusual que tengas o a las coincidencias que se produzcan.
- Escucha distintos tipos de música.
- Haz una peregrinación a algún sitio sagrado. Muchas personas tienen poderosas experiencias en lugares como Stonehenge, las pirámides de Egipto, las Rocas Rojas de Sedona, en Arizona y la Colina de la Serpiente de Ohio.
- Asiste a un concierto en directo en el que se interprete música de otra cultura o período histórico.
- Permanece más en contacto con tus sueños anotándolos en tu diario cada mañana.

Si sigues alguna de estas recomendaciones y tienes una reacción emocional intensa, o el presentimiento de que experimentas una vida pasada, se te habrá desencadenado algo. No sigas practicando los ejercicios desencadenantes físicos o mentales. Pasa a la meditación del espejo mágico. Si ninguna de estas recomendaciones te gusta, prueba a contestar las siguientes preguntas y sugerencias.

Desencadenantes kármicos físicos

Los estímulos físicos –como por ejemplo una postura corporal inusual, darte un tratamiento de belleza, someterte a trabajo corporal terapéutico o a ejercicio vigoroso– pueden estimular una aparición kármica.

En cierta ocasión me sentí estimulada mientras me daba un tratamiento de parafina para los pies en un spa. Cuando la terapeuta envolvió con plástico mis pies encerados, mi corazón se aceleró. Un pensamiento cruzó por mi mente: «Está cambiando mis vendajes». En ese momento, supe que había vivido en China y que había tenido los pies envueltos.* La experiencia desapareció cuando la terapeuta me preguntó si estaba bien.

---

* Práctica que se realizaba para que los pies de las mujeres no crecieran, ya que se consideraba signo de belleza. *(N. del T.)*

Después, ese mismo día, un amigo me dijo que una tienda de productos chinos tenía zapatillas antiguas de mujeres que habían tenido los pies envueltos. Me detuve junto a la tienda para verlas. El vendedor me mostró las diminutas zapatillas. Al alargar el brazo para coger una, mi mano comenzó a temblar. Fui consciente de que tenía cuatro pares de zapatillas parecidas en mi armario, hechas a mano en China, todas de mi talla. ¿Una simple coincidencia?

Me fui a casa y busqué información sobre la práctica de envolver los pies en la *Enciclopedia de mitos y secretos de las mujeres*, de Barbara Walker. Decía: «La mujer lisiada se consideraba tremendamente encantadora debido a su vulnerabilidad y su indefensión». Éstos son problemas con los que he tratado en esta vida, de una forma u otra.

Tus detectores kármicos físicos

Para detectar apariciones kármicas relacionadas con tu experiencia física, contesta las siguientes preguntas con el fin de *recuperar* información, y después anota tus respuestas:

- Haz una lista de tus comidas favoritas. ¿Son distintas de lo que tu madre cocinaba para ti? ¿Qué tipos de cocina internacional disfrutas? ¿Cómo te sientes mientras las comes?
- Haz una lista de las comidas que odias. ¿Por qué te desagradan? ¿De qué países proceden?
- ¿Te sientes atraído por algún deporte o actividad física particular, como escalar montañas, remar en kayak, jugar al tenis, hacer excursiones, montar en vela u otro? ¿Qué te gusta de ellos?
- ¿Te resulta difícil expresarte mediante el baile u otros tipos de movimiento? ¿Por qué es un problema?
- ¿Disfrutas coleccionando objetos de una cultura determinada? ¿Qué cultura? ¿Disfrutas coleccionando objetos de una época concreta de la historia? ¿Qué coleccionas? ¿Sellos? ¿Armas? ¿Tazas de té? ¿Saleros y pimenteros? ¿Telas? ¿Prendas de ropa?
- ¿Coleccionas antigüedades? Si es así, ¿de qué período? ¿De qué país? ¿Qué tipos de antigüedades te fascinan? ¿Muebles? ¿Coches? ¿Trajes? ¿Joyería?

Si las respuestas a estas preguntas revelan alguna idea relacionada con tu objetivo, sigue trabajando con el siguiente ejercicio. Si no parecen tener relación, comienza leyendo la sección de desencadenantes mentales.

Tus desencadenantes kármicos físicos

Tal vez hayas tenido algún recuerdo de vidas pasadas que haya surgido a tu conciencia, pero no sabías lo que era. Ahora, con práctica, estás abriendo los canales de comunicación con tu yo superior. Mientras intentas conocerte a ti mismo conscientemente, la información que recuperas se vuelve cada vez más clara.

Mi cliente Jane tuvo una experiencia inusual mientras recibía un masaje de tejidos profundos. Cuando el terapeuta empezó a masajear el muslo izquierdo de Jane, ella se sintió estimulada. La imagen de una mujer grande que caminaba por una colina cubierta de hierba llegó al ojo de su mente. Pudo ver una cabaña de piedra y olfateó el salado aire del mar. Sabía que estaba en Escocia a comienzos del siglo XX. Al momento tuvo una sensación de frío por todo el cuerpo. Sus articulaciones le dolían, y sabía que tenía artritis, aunque no sufría de tal cosa en su vida actual. Momentos después, el recuerdo se desvaneció y el frío fue sustituido por un cálido resplandor.

Ejercicio de desencadenantes kármicos físicos

Para hacer surgir apariciones físicas de vidas pasadas en tu conciencia, prueba una de estas técnicas desencadenantes:

- Programa una sesión de trabajo corporal de tejidos profundos, tratamientos de acupuntura o renacimiento. Presta atención a cualquier recuerdo que surja.
- Practica posturas de yoga que sean más difíciles de lo habitual, especialmente posturas corporales invertidas.
- Asiste a una clase de baile de improvisación. Puedes tener una experiencia directa de dónde estás, cuando llegue el momento de confiar en otros y pedir ayuda.

- Toma una sauna o baño de vapor. Siéntate en un jacuzzi durante un tiempo razonable.
- Come en restaurantes que sirvan platos de diferentes culturas o países. Fíjate en tu reacción al probar distintos tipos de comida.
- Participa en un deporte que no hayas experimentado nunca.
- Si te gusta estar al aire libre, prueba a hacer una excursión por un nuevo tipo de terreno.
- Aprende técnicas de supervivencia contactando con los programas para adultos de Outward Bound. O bien toma contacto con especialistas que ofrezcan entrenamiento en plena naturaleza, como La Escuela del Desierto, en www.joshuatree.org, o la escuela de supervivencia en exteriores Boulder, en www.boss-inc.com

Si adoptas una de estas sugerencias y tienes una respuesta emocional intensa, o el presentimiento de que estás experimentando una vida pasada, es porque te has estimulado. No sigas haciendo los ejercicios de desencadenantes mentales. Pasa a la meditación del espejo mágico. Si no te gusta ninguna de estas recomendaciones, prueba a contestar las preguntas y sugerencias sobre desencadenantes.

Desencadenantes kármicos mentales

Cuando Harvey llegó a mi consulta para una regresión a vidas pasadas, se sentía bloqueado. Odiaba su trabajo, estaba mal pagado y se aburría. Llevaba quince años siendo consultor tecnológico en la misma empresa y se encontraba en un callejón sin salida. No había oportunidades de progresar. Sin embargo, ninguna otra empresa respondía cuando enviaba su currículo.

¿Por qué eligió una regresión a vidas pasadas para remediar su problema? Después de leer un libro sobre regresiones, Harvey tuvo una revelación. De algún modo supo que el proceso podía ayudarle a liberar su bloqueo. Leer el libro le inspiró para concertar una cita para hacer una regresión a vidas pasadas.

Cuando Harvey entró en trance, todo su cuerpo empezó a temblar. La primera imagen que vio era un reloj. Le pedí que se concentrara en la imagen. Entonces vio a un hombre corpulento con un traje de tres piezas que sostenía un reloj de bolsillo. El hombre tenía un bigote retorcido y el ceño fruncido. Se encontraba en el segundo piso de una enorme fábrica, mirando al área de producción, supervisando a los trabajadores. Harvey sabía que estaba en Inglaterra a finales del siglo XIX.

Le pregunté a Harvey cómo se sentía consigo mismo.

En un profundo trance, Harvey comentó:

—No soy una persona agradable. No gusto a mis empleados.

Cuando le pedí que experimentara un incidente importante, dijo:

—Estoy en esta casa grande y vacía. Me siento muy solo. Es como si no tuviera a nadie. No tengo familiares ni amigos.

Los ojos de Harvey se llenaron de lágrimas cuando le pedí que recordara su muerte.

—Soy un viejo solitario. Soy muy desgraciado. Parece que todo lo que me importaba era el dinero. Es como si no creyera en un poder superior. No tenía fe en mí mismo, sólo habilidad para ganar dinero –explicó.

Harvey visualizó la tristeza que salía de su pecho al imaginar un reloj rompiéndose en mil pedazos.

Cuando salió del trance, se sintió en paz y sorprendido:

—No es así como soy en esta vida. Siempre intento ayudar a otros. De hecho, la gente me llama mister Rayo de Sol».

Harvey me llamó un mes más tarde para decirme que le habían despedido dos semanas después de la regresión. Al día siguiente del despido, recibió una llamada, inesperadamente, en la que le ofrecieron un trabajo de actor de doblaje. Era algo que siempre había querido probar. También recibió la respuesta de otra empresa ofreciéndole más dinero, con la oportunidad de tener un adelanto, lo cual aceptó. Compartió su revelación conmigo:

—Esta vez confío en que el universo me dé todo lo que necesito. Estoy aquí para servir a la humanidad. Cuando esté ayudando también cuidaré de mí mismo. Necesito amar lo que hago, no sólo trabajar por dinero.

Nuestras apariciones kármicas pueden estar desencadenadas por algo que sea mentalmente estimulante, como un libro o una película. Las palabras escritas y habladas, así como las imágenes de vídeo y cine, pueden desencadenar una aparición kármica. En el caso de Harvey, leer un libro sobre regresiones a vidas pasadas le indujo a someterse a una sesión.

Tus detectores kármicos mentales

Para detectar recuerdos de vidas pasadas relacionados con tus intereses intelectuales, responde a las siguientes preguntas para *recuperar* información, y después anota tus respuestas:

- ¿Qué épocas históricas te interesan apasionadamente? ¿La Revolución Rusa? ¿La edad de oro griega? ¿Otras?
- ¿Por qué tipo de personajes de películas y literatura te sientes atraído? ¿Gánsteres? ¿Espías? ¿Realeza? Escribe sobre tus personajes favoritos.
- ¿Por qué tipos de películas te sientes atraído? ¿Comedias de costumbres? ¿Suspense? ¿Películas extranjeras?
- ¿Son de algún modo inusuales tus intereses o aficiones? ¿Esgrima? ¿Danza del vientre? ¿Artes marciales? Haz una lista. Enumera a tus amigos o colegas que compartan los mismos intereses. ¿Qué aprendes de otros que están explorando los mismos intereses?
- ¿Qué género de libros prefieres? ¿Románticos? ¿De misterio? ¿Eróticos?
- ¿Qué figuras históricas te interesan apasionadamente? ¿Te sientes atraído por los legisladores? ¿Los artistas? ¿Otros? ¿Quiénes en concreto?
- ¿Qué tipos de programas de televisión te gusta ver? ¿Qué temas te interesan más? ¿Amor? ¿Crímenes? ¿Venganza? ¿Otros?
- ¿Qué tipos concretos de injusticias hacen que te indignes? ¿Crueldad con los animales? ¿Contaminar la Tierra? ¿Prejuicios raciales? ¿Otros?

Si las respuestas a estas preguntas revelan alguna idea relacionada con tu objetivo, sigue trabajando con el siguiente ejercicio.

Tus desencadenantes kármicos mentales

A veces, los participantes en mis seminarios se sienten estimulados mientras hablo sobre vidas pasadas. Comienzan a recordar una vida pasada antes de iniciar la regresión.

Durante un seminario, estaba hablando sobre una historia de vidas pasadas en la que se quemó un pueblo. De repente, Nassim, una participante, empezó a toser sin control. Parecía jadear en busca de aire. Al darme cuenta de que estaba teniendo una aparición de vidas pasadas, trabajé con ella para liberar el trauma.

Cuando le pregunté qué estaba experimentando, contestó: «No puedo respirar. La casa está ardiendo y yo estoy atrapada».

Un momento después dio un suspiro de alivio, cesó la tos y se quedó tranquila. Le pregunté qué había ocurrido.

«Morí de asfixia. Es extraño, siempre he tenido miedo al fuego».

Ejercicio de desencadenantes kármicos mentales

Para provocar apariciones de vidas pasadas en tu conciencia, prueba una de estas técnicas desencadenantes:

- Lee libros sobre los períodos históricos que te interesen. Fíjate en tus respuestas emocionales mientras lees. Anota tus sueños las noches en que leas.
- Ve cinco o más películas relacionadas con tus áreas de interés. Fíjate en tus respuestas emocionales mientras las estás viendo. Anota tus sueños.
- Asiste a reconstrucciones históricas: ferias medievales, eventos históricos o parques temáticos históricos. Presta atención a tus reacciones y a las coincidencias que surjan.
- Visita museos arqueológicos; observa momias egipcias, exposiciones sobre las islas Fiji u otras exhibiciones de objetos de excavaciones arqueológicas. Registra tus respuestas a los objetos.
- Presta atención cuando tengas fuertes reacciones a noticias, y regístralas en tu diario.

- Participa en celebraciones de otras culturas: una asamblea de americanos nativos, una fiesta de año nuevo chino, un baile de mayo.
- Presta atención cuando te sientas estimulado por historias de este libro.

Si adoptas alguna de estas sugerencias y tienes una respuesta emocional intensa o un presentimiento de que estás experimentando una vida pasada, te habrás estimulado. Pasa a la meditación del espejo mágico. Quizás quieras trabajar con las esencias florales de este capítulo para ayudarte a ser más receptivo.

Abróchate el cinturón: Recuerda y reprograma

Ahora que has desencadenado tu reacción, estás listo para pasar a las fases siguientes del proceso de sanación kármica: recordar y reprogramar. Puesto que has practicado las técnicas de visualización y relajación, deberías poder acceder a tu yo superior con facilidad.

A continuación, un consejo. Vas a sentirte extraño al encontrarte en un tipo distinto de cuerpo. Tal vez seas de otra raza o sexo de lo que eres ahora. Si eres una pequeña chica rubia, te resultaría extraño experimentarte como un hombre de 1,80 metros. Y al contrario, si eres todo un macho, podría resultarte extraño verte como una mujer que lleva tacones altos.

Confía en tus impresiones. Aunque pienses que te las estás inventando, prosigue con la experiencia. Cuanto más practiques, más confianza tendrás en tu habilidad para acceder a tu consejero interno.

Meditación del espejo mágico

Es mejor grabar esta meditación y después escucharla. Quizás también quieras oír música relajante de fondo. Reserva unos cuarenta minutos para hacer toda la meditación. Tómate los diez primeros para relajarte profundamente. Puedes utilizar una grabación del ejercicio de relajación del capítulo I. Durante la meditación, detente después de cada pregunta y da a tu mente subconsciente tiempo suficiente para responder.

Ve a tu espacio sagrado. Relájate en una posición cómoda, tumbado o sentado, y cierra los ojos.

Respira profundamente y déjate invadir por una sensación de paz. Haz todo el ejercicio de relajación corporal. Visualiza que estás envuelto en un capullo protector de luz blanca. Deja que tu mente consciente divague sin rumbo.

Después imagina que estás en una limusina, moviéndote por el espacio y el tiempo, hacia otra vida. La limusina se detiene en un estudio de cine. El conductor abre la puerta y te ayuda a salir.

Entras en el estudio por una puerta enorme y caminas muchos pasos por un largo pasillo. Una bella mujer te saluda. Después te acompaña por otro largo pasillo, hacia una sala llena de disfraces. Te dice que los mires y que elijas uno que te guste.

Cuando encuentras el disfraz que quieres, te invita a probártelo. Mira en el espejo del probador y estudia el disfraz que llevas. ¿Qué es? ¿De qué tipo de tela está hecho? ¿De qué época? ¿Eres un hombre o una mujer? ¿Qué sentimientos, pensamientos y sensaciones te llegan mientras estás con ese disfraz?

Trasládate a algún acontecimiento importante de esta vida. Contémplalo en el espejo. ¿Qué experimentas? Confía en tus impresiones. Recibe la información de forma que sea fácil y cómodo para ti. ¿Cuál es el resultado del acontecimiento que ves?

Ahora trasládate hasta el momento de tu fallecimiento. Visualízalo de forma que sea fácil y cómodo. ¿Cómo moriste?

A continuación mira en el espejo y examina esa vida, como si estuvieras viendo una película en una pantalla de televisión. Toma nota de cualquier cosa que veas, cualquier imagen, pensamiento o sentimiento que surja. ¿Qué lección espiritual aprendiste de esa vida?

¿Qué sensaciones corporales tienes? ¿Sientes algún dolor? Localiza el dolor o sensación en tu cuerpo. Asígnale una imagen. ¿Qué tamaño tiene? ¿Cuánto pesa? ¿De qué tipo de material está hecho? ¿De qué color es? ¿Cómo quieres librarte de él?

Libera ahora la sensación en la brillante luz del amor universal. Llena tu cuerpo con una luz blanca. Imagina esa luz brillando en tu cara. En tu cuello, en tu torso y en todo tu interior. Siente la luz dando a cada célula de tu cuerpo permiso para funcionar con una salud perfecta. Estás sanando a todos los niveles: físico, emocional, mental y espiritual.

En sólo unos minutos, llegará el momento de volver a tu estado de vigilia. Cuenta mentalmente de uno a cinco. Al llegar a cinco, estarás totalmente despierto y recordarás todo lo que has experimentado.

Uno, vas volviendo, empiezas a captar tu entorno. Dos, vas volviendo. Tres, empiezas a sentir tu cuerpo. Cuatro, mueve los dedos de las manos y los pies. Estírate. Cinco, estás totalmente despierto, te sientes bien. Abre los ojos y siéntete del todo despierto, mejor que antes.

Cuando estés preparado, coge tu diario y escribe sobre esta experiencia. Deja que tus pensamientos fluyan suavemente por tu bolígrafo hacia la página. Confía en tu experiencia mientras respondes a estas preguntas:

- ¿Reconociste a la bella mujer que te guio?
- ¿Se transformó en otra cosa? Si es así, ¿en qué?
- ¿Qué tipo de disfraz te pusiste?
- ¿De qué tipo de tela estaba hecho?
- ¿De qué época era?
- ¿Eras un hombre o una mujer?
- ¿De qué color era tu piel?
- ¿Qué estación del año era?
- ¿En qué país te hallabas?
- ¿Qué acontecimiento importante experimentaste?
- ¿Cuál fue el resultado?
- ¿Cómo moriste?
- ¿Qué sentimientos, pensamientos e imágenes experimentaste mientras llevabas puesto el disfraz?
- ¿Qué lección espiritual aprendiste?
- ¿Tuviste alguna sensación corporal o dolor? Si es así, ¿cuál?
- ¿Qué imagen utilizaste para transformarla?
- ¿Cómo se aplica esta información o historia a tu vida actual?

Esencias florales potenciadoras de la meditación

Dos gotas de esencia floral diluidas en agua antes de practicar una meditación pueden contribuir a tu desarrollo. Es mejor elegir sólo una esencia de la lista. Trabaja con una cada vez, hasta que llegues a conocerla. Elige una de las siguientes esencias:

- **Nuez moscada:** te ayuda a acceder a la sabiduría de vidas pasadas.
- **Angélica:** mejora tu conciencia de las fuerzas espirituales.
- **Loto:** profundiza en tu experiencia meditativa.
- **Álamo temblón:** supera cualquier miedo a adentrarte en dimensiones espirituales.

Afirmaciones

El tercer paso de la sanación kármica –reprogramación– emplea afirmaciones. Las afirmaciones pueden ayudarte a cambiar tus creencias limitadoras sustituyendo tus pensamientos negativos por otros positivos. Puedes encontrar un pensamiento negativo contestando a esta pregunta: ¿cómo se aplica la historia de vidas pasadas a tu vida actual?

La historia siguiente muestra cómo convertir tu respuesta en una afirmación positiva.

Brian estaba metido en un lío emocional. Su novia le estaba engañando, pero no podía dejarla. Algo se lo impedía.

Durante la meditación del espejo mágico, Brian se probó una túnica y unas sandalias. Sabía que se encontraba en Italia y que estaba casado con su novia actual. Un sentimiento de tristeza le abrumó cuando se vio a sí mismo en un barco como miembro de la tripulación. Se había embarcado en un largo viaje, con la esperanza de ganar más dinero para mantenerla. En el momento de su muerte, muchos años después, lamentó profundamente la larga ausencia de su querida esposa. Había cometido el error de no pasar más tiempo con ella.

Cuando le pregunté a Brian cómo podía aplicarse la historia de su vida pasada a su vida actual, dijo: «No puedo dejarla».

Le pedí que convirtiera su declaración en una afirmación, y contestó: «Puedo dejarla». Le recomendé que tomara una esencia floral de fumaria para ayudar a liberar su apego enfermizo.

Unos días después, Brian me llamó para decirme que había dejado a su novia. Se sentía triste, pero contento de haber dado el paso.

Cuestiones complementarias

Tal vez hayas visto toda una historia mientras hacías la meditación del espejo mágico. Por ejemplo, Andrew se probó una gran barba gris y un enorme sombrero negro. Sabía que estaba en Rusia y que era un patriarca. Sentimientos de intensa alegría le inundaron cuando se vio sentado a una gran mesa de comedor con su familia. Sin embargo, cuando se contempló muriendo de viejo se sintió muy triste. Se dio cuenta de que había querido aferrarse a lo mejor de sus días de juventud, y al hacerlo se había perdido gran parte de la alegría de estar en el momento presente. Visualizó que la tristeza que sentía en su corazón se convertía en una mariposa de color naranja que salía volando.

Cuando le pregunté a Andrew cómo podía aplicarse la historia de su vida pasada a su vida actual, dijo: «Tengo problemas para dejarme llevar. No se me da bien el hecho de hacer cambios».

Le recomendé que tomara una esencia floral de nuez para ayudar a liberar el pasado y a asimilar el futuro con facilidad. También le recomendé la afirmación: «es seguro para mí dejarme llevar y tener nuevas experiencias».

No todo el mundo puede recuperar una historia completa durante la meditación de la regresión. Algunas personas sólo tienen sensaciones físicas, otras sienten una emoción y otras sólo reciben una imagen. Aquí hay algunos ejemplos:

- Durante una regresión grupal, Sandy sólo tuvo sensaciones corporales. Sintió como si su cuerpo estuviera creciendo más y más. Se sintió poderosa y tuvo la impresión de poder intimidar a cualquiera con su tamaño. Pregunté a Sandy cómo se aplicaba eso a su vida actual, en la que era una pequeña mujer asiática. Dijo: «Hay otras formas de ser poderosa, además de hacer valer el peso. He tenido que trabajar para comunicarme, pero he aprendido a pedir lo que quiero». Le recomendé que tomara una esencia floral de vid para liberar su necesidad inconsciente de dominar a otros. Le sugerí que utilizara la afirmación: «soy una mujer poderosa».

- La experiencia de Marcy fue muy emocional. Supo que había muerto dando a luz. Lloró durante toda la meditación. Cuando le pregunté cómo se aplicaba a su vida actual, dijo: «Nunca quise tener hijos. Quizás ésa sea la razón». Le recomendé que tomara una esencia floral de castaño dulce para liberarse del trauma. Le sugerí que utilizara la afirmación: «estoy en paz con mi mujer interior».
- Todd solamente recibió la imagen de una mujer normal que estaba con dos niños. Cuando le pregunté qué significaba la imagen, dijo: «El amor no es siempre como los romances que vemos en las películas. A veces es simplemente vivir con alguien a quien le importes, día a día. Además, estoy orgulloso de ser un buen padre. Haría lo que fuera por mis hijos».

Si has tenido problemas para recuperar información durante la meditación, hazte las siguientes preguntas:

- Si sólo has recibido sensaciones corporales, ¿cuáles fueron? ¿Se corresponden con algún problema de salud que tal vez tengas? Si te sintieras como si estuvieras en un cuerpo distinto, inventa un escenario de una vida anterior que incluya a esa persona. ¿Qué cualidades positivas tenía ella? ¿Qué cualidades negativas tenía? ¿Cómo se aplican las cualidades a tu vida actual?
- Si has tenido una liberación emocional, ¿con qué problema se relaciona en tu vida actual?
- Si has recibido una imagen, ¿qué representa para ti? ¿Qué simboliza?

No tienes por qué recibir una historia completa para experimentar la sanación de tu alma. Confía en que lo que recibes es un mensaje válido.

Remedios de esencias florales: Reforzar

El cuarto paso del proceso de curación kármica es *reforzar* tus esfuerzos. Ahora estás preparado para liberarte de bloqueos y barreras e iniciar nuevas formas de ser. A continuación, cito varias esencias florales que recomiendo para algunos problemas generales. Tendrás que tomar el remedio todos los días, durante un mes, para tratar el problema que se desencadenó y se liberó en tu meditación. Elige una de las siguientes esencias florales y sigue las instrucciones que hay en la etiqueta sobre las dosis:

- **Fumaria:** libera de una poderosa atadura emocional con el pasado.
- **Brote de castaño:** acaba con la tendencia de cometer el mismo error, estimulando la capacidad de aprender de la experiencia.
- **Artemisa:** libera de antiguas conductas y respuestas que ya no son apropiadas.
- **Gaulteria:** limpia el aura de la negatividad procedente de una experiencia pasada.
- **Mímulo:** aporta valor y confianza para afrontar los retos de la vida.
- **Álamo temblón:** libera miedos ocultos.

Resumen

Has experimentado el primer nivel de sanación kármica. Has:

- **Recuperado** mensajes del alma completando los ejercicios desencadenantes y contestando a los cuestionarios.
- **Recordado** datos de vidas pasadas en forma de historia, sensaciones corporales, una imagen o una liberación emocional practicando la meditación de regresión.
- **Reprogramado** imágenes positivas en tu mente utilizando la visualización y la afirmación.
- **Reforzado** tu tarea de liberar bloqueos y barreras tomando una esencia floral específica.

Ahora habrás establecido una mayor conexión con tu alma y su sabiduría. Algunos tenemos preocupaciones o dudas sobre la información que hemos recibido. Confía en el proceso y sé paciente. Una vez te sientas cómodo utilizando tus sentidos psíquicos, explorar cómo el karma funciona en tu vida será irresistible. Todo un nuevo mundo se te abre. Quizás veas un cambio inmediato, o tu problema tal vez necesite más trabajo. Sé constante. Te recomiendo que te envíes una copia de tu carta de compromiso para ofrecerte apoyo continuo.

En el capítulo siguiente descubrirás cómo funciona la sanación espiritual y qué esperar durante el proceso de sanación kármica.

Capítulo 3

Tu renovación espiritual

Exploremos el proceso de sanación kármica más detalladamente con el objetivo de proporcionarte las herramientas para acabar con tu *desorden kármico*, las cosas no deseadas que se interponen en el camino del acceso a tu potencial. En este capítulo aprenderás a evitar una posible crisis en tu vida y a hacer cambios positivos cuando te encuentres ante una *encrucijada kármica*. Examinaremos cómo puedes resetear tu *reloj kármico* para tener un mejor sentido del tiempo y sentirte más conectado con todo el cosmos. En general, descubrirás cómo llevar a cabo una renovación espiritual total.

Tu piloto automático

Muchas personas que acuden a mí para consultarme formulan las mismas quejas: «Si supiera comprometerme». «Si dejara de beber». «Si abandonara mi matrimonio tan poco afortunado». Si..., estoy segura de que puedes rellenar el espacio en blanco para formar una frase con «si» sobre alguna persona que hay en tu vida.

Cuando observamos la vida de otra persona, la respuesta a su problema suele ser evidente. En apariencia, la persona no quiere hacer lo que necesita para curarse. No obtendrá ayuda. O se negará insistentemente a cambiar o a adoptar algún buen consejo. De hecho, a veces la persona decide obstinadamente estar deprimida, atrapada o bloqueada. Resulta muy duro ver a una persona malgastar su talento o desperdiciar sus recursos. Pero en ocasiones la gente debe aprender a base de dificultades, o puede que no decida aprender nada en absoluto. Y, a veces, esa persona somos nosotros mismos.

¿Por qué adopta la gente conductas destructivas? La respuesta es simple. Tenemos libertad para elegir cómo responder a nuestros retos y circunstancias. Pero la mayoría de nosotros no somos conscientes de nuestras decisiones. Esclavizados por respuestas habituales, permitimos que las circunstancias dicten el transcurso de nuestra vida.

Te diré cómo funciona esto. Tu mente subconsciente es como una grabadora. Está registrando continuamente tus percepciones sensoriales junto con tus estados emocionales y procesos mentales. Está equipada para dar marcha atrás y volver a reproducir los incidentes de tu vida. La mayoría de la gente pasa mucho tiempo presionando el botón de rebobinado, pensando en el pasado, o bien intentando imaginar el futuro. En escasas ocasiones estamos presionando el botón de *play*, en el momento presente.

Veamos un ejemplo. Es viernes por la tarde y estás conduciendo por la autopista. Te encuentras bien de ánimo al anticipar el fin de semana que tienes por delante. De repente, ves la imagen de una mujer hablando por teléfono en una valla publicitaria y te das cuenta de que has olvidado enviar a tu madre una tarjeta de felicitación por su cumpleaños. Durante los kilómetros siguientes comienzas a ponerte malo. Te dices a ti mismo: «¿Cómo he podido ser tan poco considerado? Se va a sentir mal». Recuerdas el desastre del año pasado cuando lo olvidaste. Tu buen estado de ánimo se convierte en ansiedad mientras frenéticamente intentas pensar cómo podrás excusarte por tu error.

Te pierdes en tus sentimientos y pensamientos, aunque aún estás conduciendo. No prestas toda la atención a la carretera que tienes por delante. Mientras vives dentro de la reproducción de tus recuerdos y fantasías, ¿quién se supone que conduce el coche?

Tu piloto automático subconsciente conduce por ti. Has conducido por el camino a casa tantas veces que lo conoces sin prestar atención. Has programado tu subconsciente gracias a la repetición.

Lo mismo ocurre en otras situaciones. En cualquier ocasión en que no estás viviendo el momento, dejas que los automatismos de tu subconsciente vivan por ti. De este modo, a menudo no tomas decisiones conscientes porque estás ausente. Permites que tus reflejos inconscientes dirijan tu vida.

Encrucijadas kármicas

Una regresión a vidas pasadas puede hacerte consciente de tus respuestas automáticas y de un problema no reconocido. Cuando ocurre esto se nos presenta una decisión: afrontar el problema y adoptar la responsabilidad de resolverlo, o esconderlo y evitarlo. A esto lo llamo una «encrucijada kármica».

Mi cliente Lucy se encontraba en una encrucijada kármica. Vino a mi consulta porque sospechaba que su marido la estaba engañando. Temía que, si se enfrentaba a él, podría abandonarla a ella y a sus dos hijos. Pero si su vida seguía por el mismo camino temía desarrollar una úlcera en el estómago u otras enfermedades relacionadas con el estrés. ¿Qué era peor? ¿Vivir en el engaño y la enfermedad o arriesgarse a ser una madre solitaria, pero íntegra?

Puesto que no podía hablar sinceramente con su marido, le sugerí que hiciera una regresión a vidas pasadas para liberar el bloqueo que le impedía hablarle. Desesperada por salvar su matrimonio, estuvo de acuerdo. Sin embargo, se mostraba escéptica ante el proceso de regresión a vidas pasadas. Su principal miedo era inventar una historia que no fuera cierta. Le aseguré que eso no importaba y le recomendé que no tuviera ninguna expectativa. Se sorprendió de lo que descubrió cuando entró en un profundo estado de relajación.

—Veo una mano con la piel morena sujetando un trapo húmedo, frotando los azulejos del suelo de una cocina –dijo–.

Lucy sabía que ella había llegado a América desde el Caribe para ser la criada de un anciano.

—La casa está tranquila. Tengo la sensación de que estoy sola la mayor parte del tiempo. Me gusta el elegante mobiliario de la casa: las alfombras orientales, el sofá brocado y el armario de caoba lleno de platos chinos. Me veo enterrando mi cara en las cortinas de terciopelo que cuelgan de las ventanas. Siento la tela muy sedosa y sensual contra mi piel. Yo era muy pobre en la isla. Vivir aquí parece como un sueño hecho realidad.

Durante la regresión, cuando le pedí a Lucy que abordara el origen del problema con su marido actual, se dio cuenta de algo. Otra parte de su trabajo en su vida pasada consistía en satisfacer las necesidades sexuales del anciano. Comenzó a llorar.

—Cuando entro en su habitación me está esperando en la cama. Su cuerpo me da asco, pero me tumbo a su lado. Le dejo hacer lo que quiere. Me resigno a ello. Si voy a permanecer aquí, debo soportar esto.

Cuando le pregunté a Lucy si reconocía al anciano como alguien de su vida actual, empezó a reírse histéricamente.

—Es mi marido, Jim –dijo.

Dirigí a Lucy para que revelara todas las sensaciones que pudiera tener en su cuerpo.

—Siento como si algo pesado estuviera oprimiendo mi torso –dijo.

Cuando le pedí que asignara una imagen a la pesadez, imaginó que la sensación era una gran roca. Se liberó de la roca lanzándola lejos, y la presión desapareció. Le pedí que imaginara una paloma blanca en su corazón, y se sintió llena de una profunda sensación de paz interior.

Después le sugerí que pidiera a su guía interior un mensaje que la ayudara en su relación con Jim.

Su voz interior dijo: «Yo tengo mi lugar. El asunto tiene sus limitaciones y obligaciones tácitas».

En su siguiente sesión, le pregunté si había descubierto sus limitaciones y obligaciones tácitas. Compartió sus ideas conmigo:

—Durante toda la semana, he visto con claridad los parecidos entre mi vida pasada como sirvienta y mi vida actual. Mi marido trabaja en el negocio de su familia de nueve a cinco, mientras yo trabajo sin parar desde el momento en que me levanto, a las seis, hasta que me voy a la cama a medianoche. Doy clases de pilates, cuarenta horas a la semana, limpio la casa y cuido de los niños. Mi marido tiene un trabajo, mientras que yo tengo tres. Se me ha ocurrido que nunca hemos hablado de este reparto de responsabilidades. En el transcurso de nuestro matrimonio de diez años, nunca nos hemos puesto de acuerdo sobre cómo debería ser esto. Simplemente adoptamos este patrón.

Le pregunté cuáles eran las expectativas tácitas.

—Tenemos muchos acuerdos no explicitados. Por ejemplo, Jim espera que yo haga todo lo referente a la casa, pero él nunca levanta un dedo para ayudar. Cuando las tareas del hogar no se hacen en el transcurso del día, se enfada. Toda la semana he escuchado sus expectativas tácitas en voz alta y clara. «¿Por qué no está lista la cena». «Has olvidado sacar la basura». «Hay que recoger a los niños de béisbol». «Hay que dar de comer a los perros tras el entreno».

»Lo más importante que he notado es mi sumisión silenciosa. En mi vida pasada nunca le expresé mi opinión al anciano. Jamás sentí que tenía derecho a expresar mi opinión. Adopté la actitud de sonreír y soportarlo, y de aceptar mis obligaciones.

Nunca he sido capaz de hablar de verdad con Jim. Jamás le he pedido que ayude en las tareas de casa. Me he permitido ser su criada. Incluso permanezco en una sumisión silenciosa cuando tenemos sexo. Normalmente estoy demasiado cansada, pero lo hacemos de todas formas. Hago los movimientos, pero no disfruto de verdad. Estoy tan cansada que me quedo dormida o desconecto –dijo.

En el transcurso de varias semanas y más sesiones curativas, Lucy llegó a la conclusión de que ya no podía seguir siendo una criada. Deseaba una distribución equitativa de las obligaciones matrimoniales. El deseo de crecer de su alma era tan fuerte que le dio el valor necesario para compartir sus ideas con Jim. Le pidió que la ayudara con las tareas del hogar y con los hijos.

Lamentablemente, él no quería cambiar. A Jim le gustaba tener una criada que le permitiera librarse de toda responsabilidad. Puesto que Lucy trabajaba todas esas horas extra, él tenía tiempo libre para pasarlo con su amante. Cuando Jim por fin confesó que tenía una relación, Lucy pidió el divorcio. Recibió una generosa compensación y la custodia de sus hijos. Siguió acudiendo a terapia hasta curarse. Lo último que supe de ella es que disfrutaba criando a sus hijos ella sola.

Lucy llegó a una encrucijada y decidió curarse. Quería una mejor relación y estaba preparada para conseguirla. Sin embargo, su marido también llegó a esa encrucijada y no quiso cambiar su relación. Su divorcio obligó a Lucy a crecer emocionalmente. No es lo que en principio había pensado que sucedería, pero el resultado fue beneficioso para ella.

Ten la seguridad de que estás preparado para recibir respuestas a tus problemas o asuntos, y debes estar listo para que esos problemas o asuntos se resuelvan. Cuando se revela la causa de tus problemas, ésa es tu conexión kármica. La transformación tendrá lugar, pero sólo si estás listo para acogerla, sólo si deseas asumir la responsabilidad de lo que has descubierto.

Meditación para una encrucijada kármica

Tendrás que hacer este ejercicio sentado, de forma que puedas escribir cómodamente en tu diario. Tal vez quieras registrar las instrucciones para volver a escucharlas. Acude a tu espacio sagrado. Relájate en una posición cómoda permaneciendo sentado, y cierra los ojos. Respira profundamente y déjate fundirte en una sensación de paz. Enciende la grabadora.

Tu vida se encuentra en un camino determinado y es relativamente predecible. Tienes ciertos hábitos, una rutina diaria. Ahora imagina tu vida cinco años después. Si sigue exactamente como hasta ahora, ¿cómo será? Si no haces cambios y permites que el flujo de tu vida se desarrolle como hasta ahora, ¿qué estarás haciendo? Si tu programa de ejercicios sigue igual, ¿cuál será tu estado de salud? Si tu nivel de estrés es el mismo, ¿cómo afectará a tu bienestar? Si tus hábitos alimenticios siguen igual, ¿cómo influirá eso en tu cuerpo y tu imagen? Si no haces cambios en la forma en que te relacionas con otros, ¿cómo funcionarán tus relaciones? ¿Cómo será tu vida sexual? Si sigues gastando el dinero de la misma manera, ¿cómo será tu situación económica? ¿Cuánto dinero deberás? Si no cambia la forma en que te relacionas con los miembros de tu familia, ¿cómo será tu vida familiar? ¿Te encontrarás una encrucijada? ¿Llegará a estar tan desequilibrado algún ámbito de tu vida que se producirá una crisis?

Cuando estés listo, abre lentamente los ojos y vuelve al presente.

Ejercicio de encrucijada kármica

Si tu vida sigue igual que hasta ahora, ¿cómo será dentro de cinco años? Responde las siguientes preguntas:

- ¿Cuál será la situación de tus finanzas?
- ¿Cuál será la situación de tu salud?
- ¿Cuál será la situación de tu cuerpo y de tu imagen?
- ¿Cuál será la situación de tus relaciones familiares?
- ¿Cuál será la situación de tu vida sexual?
- ¿Cuál será la situación de tus relaciones íntimas?
- ¿Qué área(s) de tu vida sufrirán una crisis?
- ¿Qué cambios debes hacer para evitar una crisis?
- ¿Qué acciones debes emprender para evitar una crisis?
- ¿Qué tipo de apoyo necesitas para realizar esos cambios?
- ¿A quién recurrirás para que te ayude?

Recursos de control

Otras personas que han hecho este ejercicio han comunicado los siguientes descubrimientos:

- Georgia dijo que, si no cambiaba sus hábitos de salud, probablemente acabaría como su madre, con diabetes y caminando con bastón. Para evitar una encrucijada kármica, se inscribió en un programa de pérdida de peso, se apuntó a un gimnasio y concertó una cita con un acupuntor.
- John dijo que, si seguía divirtiéndose y agotando el crédito de sus tarjetas, se arruinaría. Para evitar una encrucijada kármica, concertó una cita con un asesor financiero.
- Marge dijo que su vida estaría bien, pero no sería especial. Simplemente viviría despreocupadamente sin cumplir su sueño de viajar por todo el mundo. Para evitar una encrucijada kármica, comenzó a mirar ofertas de viajes por Internet y sacó prestados libros de viajes de la biblioteca.

Si sigues sin tener clara la dirección de tu vida, consulta alguna forma de adivinación. Hazte una lectura de tarot, una consulta de I Ching o de astrología, o bien busca el consejo de las runas. Los siguientes sitios web de Internet son buenas fuentes:

- www.tarot.com/tarot/index.php
- www.tarot.com/oracle
- www.webtarot.org
- www.facede.com
- www.destinytarot.com

Afirmaciones para encrucijadas kármicas

Las siguientes afirmaciones pueden utilizarse tomando una esencia floral después de tu ejercicio de visualización de encrucijada kármica.

Elige una que tenga relación con tu problema y escríbela en tu diario 108 veces al día. El número 108 se considera sagrado por muchas razones. Una es que hay 108 líneas energéticas que convergen para formar el chakra del corazón (centro energético). Una de estas líneas lleva al chakra corona y se dice que es el camino hacia la autorrealización.

O bien puede que quieras pegarlo en algún sitio a modo de recordatorio. Cuélgalo en el espejo, el frigorífico u otro sitio bien visible.

- Cambiar resulta seguro para mí.
- Avanzo con facilidad y placer.
- Me rindo a mi yo superior.
- Deseo liberarme del pasado.
- Emprendo las acciones que debo.
- Estoy deseando satisfacerme por completo.
- Me honro y me apoyo a mí mismo.
- Puedo tener lo que realmente quiero.
- Soy paciente y perseverante.

Esencias florales para encrucijadas kármicas

A continuación, varias sugerencias para solucionar algunos problemas generales:

- **Alegría de la casa:** evita las conductas impulsivas.
- **Campanilla:** libera de hábitos personales perjudiciales.
- **Cayena:** actúa como un fuerte catalizador del cambio.
- **Avena silvestre:** aclara la confusión sobre lo que quieres en la vida.
- **Hibisco:** libera bloqueos del deseo sexual.
- **Zarzamora:** ayuda a manifestar los deseos.
- **Artemisa:** libera de los deseos que perjudican tu crecimiento.

Llegando a la raíz del problema

A lo largo de los años he trabajado con muchas personas que han querido resolver un problema específico. En el proceso de sanación kármica, han descubierto que lo que consideraban el problema no era realmente el problema en absoluto. Cuando profundizaban en su interior descubrían el verdadero problema, y con ello podían transformarse.

Por ejemplo, mi cliente Claire pensaba que tenía la respuesta a su problema de peso. Todo lo que necesitaba era comer menos y hacer más ejercicio. Sin embargo, no podía seguir una dieta. Se apuntaba a un gimnasio, pero nunca parecía encontrar tiempo para asistir. Su novio, que vivía con ella, criticaba constantemente su cuerpo, diciendo: «¿Cómo puedes mirarte en el espejo?». Empezó a coquetear con la mujer que vivía al lado, lo cual enojó a Claire.

Cuanto más celosa e insegura se volvía Claire, más peso ganaba. Sus hábitos alimenticios parecían fuera de control y su relación se deterioraba. Estaba hecha un lío y me llamó para acudir a mi consulta. Cuando le sugerí que hiciera una sesión de regresión para ir a la raíz de su problema, mostró sus dudas. Tenía miedo de que no funcionara. Pero estaba desesperada, así que concertó una cita.

Al entrar en trance, vio que tenía una mano delicada, de color canela, adornada con anillos de oro y rubíes resplandecientes. Poseía un cabello negro y espeso y un cuerpo con una forma perfecta, adornado con un sari de seda. Sabía que se encontraba en la India.

Cuando le pedí que acudiera a la raíz de su problema, sonrió.

—Soy una bailarina. Tengo muchos admiradores –dijo.

Pero un momento después rompió a llorar.

—¡Nadie me ve! Soy como un objeto. Los hombres quieren poseerme. Sólo me quieren porque soy hermosa.

Mientras Claire seguía en trance, le pregunté por qué tener sobrepeso en su vida actual le resultaba útil.

—Deseo que un hombre me quiera como persona, no por mi aspecto –dijo.

A Claire la invadió un profundo sentimiento de tristeza y comenzó a llorar. Su dolor parecía estar inserto en su corazón como un trozo de metal y se liberó visualizando cómo se extraía la hoja de una daga. Llenamos el espacio de su corazón con un San Valentín de encaje de color rosa. Afirmó que se quería y se aceptaba. Le recomendé que tomara una esencia floral de triteleia para ayudarle a irradiar su belleza interior y a liberarse de su necesidad de sobreidentificarse con su imagen externa.

Cuando Claire salió del trance, se sentía y parecía pesar cinco kilos menos.

—No importa si la historia es cierta o no, ¡me siento estupendamente! –dijo.

Me llamó una semana después para decirme que había dejado a su novio:

—Siempre me hacía sentir que no era lo bastante buena. Era como si hubiese algo malo en mí. Al final me siento libre para ser yo misma.

Poco después, Claire encontró a alguien que la quería por la persona que era y para quien su peso no era ningún problema.

—Cree que soy guapa y siempre me hace cumplidos –me dijo.

Unos años después, se casaron.

Claire sigue teniendo sobrepeso, pero ha decidido no hacer dieta ni ejercicio. Su ansiedad relacionada con su aspecto desapareció después de la regresión. Ha llegado a aceptarse y a disfrutar ser rolliza y entrada en carnes. Lo importante para ella es ser amada de verdad.

Aunque Claire al principio pensaba que su verdadero problema era su peso, descubrió que no lo era en absoluto. Sus discusiones con su exnovio sobre sus kilos de más eran sólo un síntoma de un problema más profundo que requería sanación. Su regresión la ayudó a conectar con su verdadera necesidad emocional, que era ser amada por su belleza interior. Después se sintió libre para hacer los cambios que debía cumplir.

Síntomas frente a causas raíz

En nuestra sociedad tendemos a buscar y tratar los síntomas. Si tenemos dolor de cabeza, tomamos una aspirina. Si no podemos dormir, tomamos somníferos. Los fármacos pueden solucionar un problema a corto plazo, pero no ofrecen necesariamente una solución a largo plazo. A menudo, nuestros síntomas son externalizaciones de problemas más profundos que intentan atraer nuestra atención, como en el caso de Harry.

Cuando los médicos no pudieron aliviar el dolor de hombro crónico de Harry, probó la fisioterapia. Después de unas sesiones no hubo mejora, así que su fisioterapeuta le recomendó una regresión a vidas pasadas. Tal vez hubiera problemas emocionales relacionados con el dolor que una regresión a vidas pasadas podría sacar a la luz.

Harry no estaba seguro de que la regresión funcionara. Pero su dolor de hombro interfería en su capacidad para jugar al tenis, su forma favorita de ocio. Después de sopesar sus opciones –dejar el tenis o correr el riesgo–, concertó una cita.

En mi consulta, Harry hizo una regresión y se vio como un hombre de pelo oscuro que se encontraba en el descansillo del segundo piso de una escalera de mármol, en una gran mansión. Sabía que era un exitoso hombre de negocios europeo.

Cuando le pedí que se centrara en la causa de su problema, comenzó a respirar rápidamente.

—Estoy discutiendo con mi socio en la escalera. ¡Oh, Dios mío! Tiene un cuchillo –dijo.

Le pregunté a Harry qué sucedía.

—Me apuñala en el hombro cuando me doy la vuelta –añadió.

Coloqué mis manos sobre el hombro de Harry y le di un tratamiento de reiki; el dolor desapareció. Mientras Harry se encontraba en trance, le pedí que se trasladara a las consecuencias del incidente del apuñalamiento.

—Caigo por las escaleras de mármol y muero –dijo.

Le pedí que examinara esa vida y que recuperase cualquier otra información importante.

—¡Dios mío! Mi socio es mi amante en esta vida –añadió.

Cuando Harry salió por completo del trance, su dolor había desaparecido por completo. Me comentó que recientemente había discutido con su amante por dinero.

—Es como si de algún modo estuviera reviviendo el mismo escenario. Mi amante tiene una personalidad irascible y es muy controlador. No sé si de verdad puedo confiarle mi dinero –me explicó.

Le pregunté qué necesitaba para protegerse a sí mismo. Me prometió que hablaría con su abogado para informarse de sus derechos financieros en su relación. Salió de mi consulta sintiéndose un hombre nuevo.

Unas semanas después, Harry llamó para decirme que se había vuelto a lesionar el hombro en un accidente de bicicleta. Le pregunté si había hablado con su abogado, como había prometido. Le dolió admitir que no lo había hecho. En el momento en que volvió a casa tras su regresión, se había olvidado del asunto.

Harry seguía pensando que no podía confiar en su amante. Lo triste era que tampoco estaba preparado para confiar en su propia intuición. De nuevo estaba como al comienzo.

Utilizar un mantra para conectar con tu interior

Un mantra es una sílaba, palabra o frase en sánscrito que eleva o modifica la conciencia con su significado, sonido y vibración. Cantarlo una y otra vez, en voz alta o en silencio, repitiéndolo mentalmente, conlleva grandes beneficios.

El mantra *Sat Nam* significa «la verdad es mi identidad, y recurro a la Verdad eterna que reside en todos nosotros». El uso repetido de este mantra puede limpiar la mente subconsciente de forma que las heridas pasadas dejen de interponerse en nuestra autorrealización. Trabajar con él permitirá eliminar los patrones de pensamiento habituales que no resuenan con nuestra verdadera esencia. Canta este mantra en alto o en silencio, 108 veces diarias para conectar con el núcleo de la verdad y despertar tu identidad infinita.

Tu reloj kármico

En lo que respecta a la curación y a hacer cambios, cada persona crece a un ritmo diferente. Claire pudo hacer cambios en su vida rápidamente después de su sesión. Otras personas se resisten o necesitan más tiempo para abordar un problema, como el ejemplo de mi cliente Harry.

Muchas personas saben qué necesitan para sanar, y no obstante se resisten. Saben lo que necesitan para perder peso, dejar de fumar o abandonar una relación negativa, y sin embargo no emprenden las acciones necesarias. A menudo se debe a que no están realmente preparadas para sanar. El mecanismo temporal que controla la velocidad del crecimiento de nuestra alma es nuestro *reloj kármico* integrado.

Tu yo interior, o tu alma, sabe qué necesitas de verdad para curarte. Algunas personas necesitan una crisis o una llamada para despertar. Harry, evidentemente, necesitaba un dolor crónico para motivarse a buscar ayuda. Sin embargo, cuando recibimos el mensaje sobre lo que necesitamos y no actuamos, puede que nos sobrevenga otra crisis. Harry sabía que tenía que hacer una simple llamada telefónica, pero no la hizo. Tal vez el accidente fuera un aviso para que prestara atención y se ocupara de sus necesidades.

Así es cómo puedes resetear tu ritmo:

- ¿Están todos los relojes de tu casa y tu coche programados con la misma hora? Si no es así, haz que coincidan.

- ¿Tienes algún reloj que se haya parado? Si es así, repáralo o tíralo.
- ¿Tienes algún problema relacionado con llegar tarde? Si es así, plantéate rectificar y ser puntual.

Programa tu meditación para el reloj kármico

Esta visualización te permitirá sentirte parte de un todo mayor y te conectará con los ciclos naturales del cosmos. Tal vez quieras grabar la meditación.

Ve a tu espacio sagrado. Relájate en una posición cómoda, tumbado o sentado con la columna erguida. Cierra los ojos. Respira profundamente y déjate invadir por un sentimiento de paz.

Imagina que estás fuera de casa en un bonito día de verano. El sol brilla y el aire es cálido y agradable. Contemplas un bonito jardín donde hay una gran variedad de flores. Algunas plantas crecen muy altas, otras reptan por el suelo. Las hay que están en plena floración, mientras que otras florecerán mucho después. Cada planta tiene su propio ritmo de crecimiento.

Los pájaros cantan. Disfrutas de sus canciones. Sabes que los pájaros estarán aquí sólo una temporada, antes de que emigren. Ellos saben cuándo volver, y saben cuándo irse.

Las hojas de los árboles son de un verde intenso. En unos meses cambiarán de color y caerán al suelo.

Todo en la naturaleza tiene su propio ciclo. El sol sale y se pone, lo mismo que la luna. Tú eres parte de este gran ciclo. Tu vida se encuentra dentro de un orden divino. Eres uno con el plan divino de tu vida. Te sientes relajado y cómodo. Adáptate a tu propio ritmo. Debes saber que eres uno con el movimiento de la Tierra, los movimientos de los planetas y el brillar de las estrellas.

Ohm es el sonido de la corriente del amor que conecta las estrellas, la Tierra, los árboles, los pájaros, los animales, las plantas, todo el mundo, todos, todo.

Ohm. Escucha ese sonido. Siente la unidad. Siente la paz.

Cuando estés listo, abre lentamente los ojos y retorna a la habitación.

Ohm: el sonido de la unidad

El sonido ohm es la vibración del amor que penetra el universo, conectando a todos y a todo. Es la corriente audible de esa conexión. Canta el mantra de ohm o escucha una grabación suya, y te sentirás parte de una gran unidad.

Para encontrar una grabación de un mantra de ohm, visita estas páginas web:

- www.ethereanmusic.com
- www.midashealth.com
- www.dicksutphen.com

Afirmaciones para el reloj kármico

Las siguientes afirmaciones te ayudarán a reprogramar tu reloj kármico:

- Estoy siempre en el lugar correcto en el momento adecuado.
- Mi temporización es perfecta.
- Tengo un buen sentido del tiempo.
- Permito que el plan divino de mi vida se manifieste en un momento perfecto, de forma también perfecta.

Esencias florales para el reloj kármico

A continuación, ofrezco algunas sugerencias para ayudarte a resetear tu reloj kármico:

- **Áloe vera:** revitaliza cuando estamos quemados debido a una vida con un ritmo rápido.
- **Zarzamora:** genera la sensación de posibilidades futuras.
- **Diente de león:** libera de la compulsión de estresar el cuerpo mediante la hiperactividad y estableciendo plazos poco realistas.
- **Olmo:** libera de la sensación de estar abrumado por los acontecimientos.
- **Mímulo:** libera del temor a que no haya tiempo suficiente para llevar a cabo las tareas diarias.

- **Zinnia:** libera de la sensación de estar presionado por el tiempo.
- **Alegría de la casa:** libera de la sensación de que no hay tiempo suficiente.

Una puesta a punto espiritual

¿Cómo puede la sanación kármica provocar cambios en tu vida? Cuando afrontas una encrucijada kármica, tienes la oportunidad de liberarte de creencias negativas, como por ejemplo el miedo, la vergüenza o la culpa. Es una oportunidad para crecer espiritualmente. Es como recibir una *puesta a punto espiritual.*

El proceso es similar a los programas de televisión de cambio de imagen. Todos los días, gente que está experimentando alguna transición –graduarse de la universidad, tener un hijo o afrontar un cumpleaños o aniversario importante– se inscribe para ser concursante del programa.

Los concursantes que desean tener una nueva imagen consultan con un equipo de expertos en moda que tienen tiendas de ropa y salones de belleza. La primera prueba que afrontan es su armario; se les ordena tirar los artículos que no mejoran su apariencia. Cuando los concursantes deben librarse de sus pantalones vaqueros favoritos, suelen llorar o se resisten a ello.

Su segunda prueba es cambiar su corte de pelo. Suele tener ataques de ansiedad mientras están sentados en la silla del peluquero, esperando a que les corten sus coletas.

Afrontar el cambio no es fácil. Es un proceso terrible y estimulante a la vez. No es agradable escuchar que no estás sacando partido a tus mejores cualidades. Es duro que te dirijan, porque debes confiar en que el experto tiene una mejor visión sobre ti que tú mismo. Tienes que aceptar otro punto de vista para ampliar tu visión sobre ti mismo.

Una vez que los concursantes aceptan el proceso, se muestran encantados por el resultado final. Las fotografías de antes y de después son sorprendentes. Los concursantes suelen cambiar la forma en que se ven. Se sienten más positivos y se quieren más a sí mismos.

Aspectos molestos de la puesta a punto espiritual

Si has seguido todos los ejercicios hasta ahora, tal vez sientas incomodidad en algún ámbito. Éste es un momento crítico en tu crecimiento espiritual. Igual que los concursantes de la silla del peluquero que esperan las tijeras, temes perder algo familiar.

Es posible que sientas que algún ámbito de tu vida se está desmoronando. Esto se debe a que las cosas deben desmoronarse antes de que puedan disponerse de una forma mejor. Esto puede manifestarse en tu vida de una de las siguientes maneras:

- Tal vez estés experimentando algún tipo de enfermedad.
- Puede que te sientas mentalmente abrumado.
- Algún problema de una relación puede haber empeorado mucho.
- Quizás te estés resistiendo al cambio.
- Tu vida puede haber tomado una nueva dirección.

Estás muy bien donde estás. Pero, a continuación, ofrezco algunos consejos para ayudarte a superar los momentos más duros:

- Si te encuentras enfermo, sométete a tratamiento médico. Pero, junto con el tratamiento, prueba alguna terapia holística. Examina los sistemas de creencias relacionados con tu enfermedad. Una guía estupenda que relaciona el cuerpo con sus correspondientes psicológicos es *Puedes sanar tu vida*, de Louis Hay.
- Si estás abrumado, reserva más tiempo para ti mismo. Necesitas más tiempo para integrar los cambios que estás haciendo. No sobrecargues tu agenda. Tómate un tiempo extra para realizar las actividades relacionadas con la curación: baños relajantes, paseos por la naturaleza, medicación, etc.
- Si el problema de tu relación ha empeorado, se habrá amplificado para mostrarte que no funciona. Deja desaparecer las antiguas formas de relación y, después, vuelve a crear un nuevo contrato. Estás a punto de experimentar una gran transformación. Haz todo lo que puedas para poner a punto tu integridad.

- Si te resistes al cambio, obtén ayuda de un amigo para volver a ponerte en el buen camino. Si no has cogido este libro durante más de un mes, te habrás apartado del buen camino. Sé constante. Estás a punto de experimentar una transformación.
- Si tu vida ha despegado, tómate un pequeño descanso antes de pasar al capítulo siguiente.

Desorden kármico

Lamentablemente, no puedes tomar fotografías de antes y después de una puesta a punto espiritual, porque el proceso tiene lugar internamente. En un ajuste espiritual liberas patrones emocionales no deseados y creencias limitadoras, antes de tirar tu viejo armario lleno de camisetas andrajosas o trajes pasados de moda que ya no sirven para mejorar tu imagen. Estos viejos patrones, y verdaderamente cualquier cosa que hayas dejado atrás, pero a la que sigues enganchado, son tu *desorden kármico*.

Si afrontas el reto y te liberas de tu desorden kármico, acabas siendo una persona mejor. Los bloqueos se disuelven y se abren caminos de nueva energía. Cuantos más caminos se abran, más adaptado estarás a tu nueva alma. Cuanto más adaptado estés a tu alma, más alegría, júbilo y paz experimentarás.

Cuando eliminas un bloqueo, experimentas un proceso de purificación que tiene lugar a muchos niveles. En cualquier momento en que abandonas un mal hábito o una creencia negativa, empiezas a desintoxicar tu alma. A veces, el período de liberación tarda semanas en generar cambio e integración. Durante este tiempo de cambio de patrones, es posible que experimentes incomodidad en forma de síndrome de abstinencia. Puede que te sientas confuso mentalmente, en babia o excesivamente emotivo. Mientras te adaptas al cambio, puedes incluso enfermar, como cuando te resfrías, a modo de adaptación a tu crisis de identidad temporal.

Cuando cambias una creencia limitadora sobre ti mismo, quizás tengas que abandonar a amigos u otras relaciones amenazadas por el poder de tu nueva identidad. O puede que hagas otras transformaciones en tu vida. A veces la gente cambia de domicilio o de trabajo.

La cadena cósmica de eventos puede ser algo así: un día, compré una bonita rosa de cristal de colores para colgarla de la ventana del cuarto de baño. Antes de poder colgarla, tuve que limpiar la ventana. Después tuve que poner unas cortinas nuevas, porque las viejas no iban bien con la nueva decoración. Después la ventana tenía un aspecto fabuloso, pero el resto del cuarto de baño parecía desaliñado. Necesitaba volver a pintarlo. Lo que empezó siendo un simple cambio en la ventana llevó a una transformación total del cuarto de baño. Así es como también ocurren los cambios en tu vida. Acabar con un problema conllevará que aparecerán otros que hay que sanar y transformar.

Por otra parte, puede que te resistas al cambio. Yo entreno habitualmente con un entrenador personal. Después de una sesión siempre me siento centrada y fuerte, y tengo más energía. A pesar de saber lo bien que me sienta, a veces, antes de una sesión pienso: «no me apetecer ir». O a veces mi mente me miente y dice: «entrenar no me hace ningún bien». Una parte de mí se resiste al ejercicio, estimulando mi antigua creencia limitadora que me dice que soy una inútil.

Algunas personas no tienen ningún síntoma de síndrome de abstinencia. Sus vidas despegan de forma positiva después de liberarse de algún viejo patrón. Tienen el pie sobre el pedal del acelerador y se dirigen suavemente hacia nuevas experiencias.

Ejercicio de liberación de desorden kármico físico

Cuando acudí a una consulta con un especialista en feng shui, la antigua práctica curativa china que consiste en alinear la energía vital de tu casa con el flujo energético de la Tierra, supe que nuestro hogar es un reflejo de nuestro mundo interior. Las condiciones de nuestra casa reflejan las de nuestra psique.

Examina tu propio entorno externo. Puede darte una pista sobre lo que experimentas internamente. Por ejemplo, ¿conservas objetos que no necesitas, que no puedes usar o incluso que no te gustan? Esto te ayudará a descubrir lo que necesitas para progresar.

Haz un inventario de lo que tienes:

- ¿Eres como una urraca?
- ¿Dejas que se acumulen las cosas hasta el extremo de que tu espacio vital está tan abarrotado que es difícil moverse sin chocar con los objetos?
- ¿Están actuando como barrera de protección todas esas revistas y libros que se acumulan alrededor de tu cama?
- ¿Tienes recordatorios sobre eventos pasados en tu panel de avisos?

Abre la puerta del garaje, dirígete a la buhardilla o aventúrate en el sótano:

- ¿Alguna vez vas a renovar el acabado de esas mesitas auxiliares que heredaste de tu tía?
- ¿Podrás ver esas cintas de vídeo, ahora que tienes un nuevo dispositivo de DVD?
- ¿Repararás alguna vez esa lámpara, puesto que su modelo no se fabrica y las piezas de repuesto ya no están disponibles?
- ¿Usarás alguna vez esos botes de pintura que están casi vacíos?
- ¿Conservas algún ordenador antiguo u otro aparato tecnológico desfasado?

Las ropas que no te has puesto en cinco años, y que cuelgan de tu armario, ocupan espacio físico y psíquico. Abre la puerta de tu armario:

- ¿Guardas ropa pasada de moda?
- ¿Sigues teniendo prendas de cuando pesabas cinco kilos menos, que ya no te valen?
- ¿Guardas esa camiseta que te dio tu novio porque eres una sentimental?

Guardar comida que ha caducado es una práctica poco saludable. Abre tu frigorífico y las puertas de los armarios de la cocina:

- ¿Puedes encontrar algo estropeado o caducado?

Guardar los medicamentos que han caducado también es una práctica poco saludable. Abre la puerta de tu botiquín:

- ¿Puedes encontrar algo caducado?

Examina los ficheros de tu ordenador y de tu archivo:

- ¿Puedes encontrar algo que no vayas a usar nunca?

Si has contestado «sí» a alguna de las preguntas sobre los inventarios, te recomiendo que hagas una lista de lo que tienes y que te libres de lo que no necesites de verdad. Librarte de los viejos enseres deja sitio para que entren nuevos objetos y nuevas experiencias. Mover veintiuna cosas de tu espacio vital puede cambiar el flujo energético de tu casa para integrar nuevas oportunidades.

Ejercicio de liberación de desorden kármico emocional y mental
Si tu espacio vital está lleno de basura, tu vida seguramente estará repleta de caos, confusión y desorden. Tener relación con personas que no son accesibles también es un desorden kármico y te impide formar nuevas amistades potenciales. Actualiza tu libreta de direcciones y de correos electrónicos. Haz el propósito de volver a conectar y reestablecer viejos vínculos, o bien librarte de ellos.

La condición en que está tu coche también es un reflejo de las condiciones de tu psique y posiblemente de lo bien que conservas tu salud. Échale un vistazo:

- ¿Mantienes bien tu coche y haces todo lo posible para que funcione bien?
- Temes constantemente que se averíe?
- ¿Está lleno de basura?
- ¿Necesitas llevarlo al lavado de coches?

Incumplir tus responsabilidades en el plano material puede impedir que alcances tus objetivos. Echa un vistazo a tu casa:

- ¿Necesita alguna reparación?
- ¿Tienes goteras en el tejado?
- ¿Necesitan las paredes una nueva capa de pintura?
- ¿Hay algún problema en las tuberías?
- ¿Qué necesita actualizarse o repararse?

Las tareas no finalizadas pueden impedirte que progreses. Dejar las cosas sin hacer conlleva perder energía y agotar tu vitalidad. ¿Comienzas las cosas y nunca las terminas? Haz una lista de proyectos, en tu casa o apartamento, que estén sin terminar. Programa algún momento para finalizarlos o bien olvídalos por completo.

Ritual de purificación

Los objetos pueden ser recordatorios del pasado e impedirte progresar. Después de finalizar una relación, es conveniente hacer una lista de las cosas que has acumulado y establecer lo que necesitas de verdad. Si no puedes utilizar algo, tíralo. Vende las cosas de tu garaje o dónalas a alguna organización benéfica. Guardar cosas que no necesitas o utilizas tan sólo sirve para reforzar el desorden, la confusión y la inmovilidad.

Si decides guardar cosas de una relación pasada, conviene limpiarlas espiritualmente. Los americanos nativos usan manojos de salvia seca para ahumar, es decir, purificar objetos, personas, e incluso el espacio de una habitación.

Puedes limpiar objetos del pasado realizando el ritual siguiente. Necesitarás:

- Un manojo de salvia para ahumar (disponible en las librerías de Nueva Era o en supermercados de productos holísticos).
- Un cenicero o una concha grande para recoger las cenizas.
- Cerillas o mechero.
- Una pluma para mover el humo.

Encuentra un espacio tranquilo. Coloca estos objetos delante de ti. Sigue estos sencillos pasos:

- Prende un extremo del manojo de salvia.
- Cuando comience a arder, empieza a mover el aire con la pluma.
- Ahúma tus objetos durante un minuto aproximadamente.
- Dirige el humo hacia ti mismo, hacia tu aura, para limpiar tu campo energético personal.

Disfruta del sentimiento de claridad. Puedes utilizar el manojo de salvia siempre que necesites liberarte de sentimientos los negativos de un objeto, una habitación o de tu propio campo energético.

Esencias florales para la transformación espiritual

A continuación, incluso algunas sugerencias para ayudarte en tu proceso de transformación espiritual:

- **Oreja de gato:** mejora la receptividad en la meditación.
- **Artemisa:** libera lo que ya no es esencial para tu destino.
- **Consuelda:** equilibra y regenera durante el proceso de limpieza y curación.
- **Azucena:** purifica los deseos y órganos sexuales.
- **Acebo:** libera de las emociones negativas, como los celos, la envidia y la hostilidad.
- **Yerba santa:** libera de las toxinas emocionales profundas y ocultas.

Resumen

A estas alturas te encuentras en medio de una importante renovación espiritual, y espero que te sientas entusiasmado con tu transformación. Reconócete a ti mismo por ser valeroso, constante y brillante. Has aprendido a tomar el control de tu vida sin necesitar una crisis para motivarte a entrar en acción. Ahora que sabes cómo resetear tu reloj kármico, puedes permanecer sincronizado con tus ritmos y ciclos naturales.

En el capítulo siguiente te mostraré cómo el efecto equilibrante del karma puede evolucionar en nuestras vidas en una serie de formas fascinantes.

Capítulo 4

Sanando tus patrones kármicos

Este capítulo muestra cómo los problemas de tu alma no resueltos pueden influir en el *guion* de tu vida actual. Esos problemas no resueltos pueden manifestarse como bloqueos, y afectarte física, mental, emocional y espiritualmente. Los problemas pueden manifestarse en forma de dolencias crónicas, actitudes autodestructivas, culpa o necesidad compulsiva de compensar en otro ámbito. Te enseñaré a descubrirlos mediante ejercicios y meditaciones. Una vez hayas identificado cómo funcionan en tu vida los problemas no resueltos, aprenderás a liberarte de ellos y a resolverlos.

Patrones kármicos

Ya habrás escuchado ese tópico de «no nos lo podemos llevar a la tumba». Es cierto que, cuando morimos, dejamos atrás nuestras posesiones. Decimos adiós a todas las cosas por las que trabajamos tanto: el coche, la casa e incluso la televisión de plasma. Peor aún, también abandonamos a nuestra familia y nuestros amigos. No obstante, hay algunas cosas que sí podemos llevar con nosotros.

Mantenemos nuestras aptitudes y capacidades, de forma que podemos renacer con ciertos dones y talentos. ¿Te has fijado alguna vez en que algunos niños se sienten inclinados por las tareas manuales, mientras que otros tienen una aptitud natural por las matemáticas o la música? Algunos niños son extrovertidos, mientras que otros funcionan mucho mejor solos. ¿Cómo, si no, podemos explicarnos a los niños prodigio, excepto diciendo que sus almas han trabajado en un ámbito específico durante muchas vidas?

También conservamos las cualidades de nuestro carácter, porque nos las hemos ganado. Estoy seguro de que habrás oído, acerca de alguien que es naturalmente amable, compasivo y sensato, decir de él que tiene un alma antigua. Quienes han dado vueltas a la manzana cósmica varias veces han trabajado para desarrollar esas cualidades. Un alma antigua tiene una visión más amplia.

Por otra parte, las personas que se sienten motivadas por la codicia, el ansia y el afán por controlar a los demás nunca llegan a sentir satisfacción. No tienen una visión amplia; para ellos sólo son importantes sus deseos egoístas. Sin embargo, el karma generado en esa búsqueda pasa a vidas posteriores.

La ley del karma dice: «recogemos lo que sembramos». Cargamos con las consecuencias de todo lo que hemos hecho en el pasado, tanto los errores como los aciertos. Al final de tu vida te sentirás orgulloso de tus logros, agradecido por todas tus relaciones y feliz por haber contribuido en algo al mundo. Te llevarás contigo ese karma. Y a la inversa, tus lamentos, sueños no cumplidos y problemas no resueltos también te acompañarán.

Es importante vivir la vida al máximo. Es también esencial rectificar y recuperar la integridad en cualquier ámbito en que hayamos fallado. Es igualmente vital perdonar a otros por hacernos daño y solucionar ahora las disputas pendientes, ya que en el futuro no será más fácil.

Junto con nuestras capacidades y carácter, nos llevamos las experiencias no resueltas en cada reencarnación. Este equipaje puede encajar en cuatro guiones distintos, que yo llamo *patrones cósmicos*. Cada patrón cósmico puede afectarnos física, emocional, mental o espiritualmente. A continuación, sigue una breve descripción de los patrones kármicos:

- **Equipaje corporal:** síntomas físicos que quedan en la memoria celular del cuerpo, procedentes de vidas pasadas, que afectan a nuestra salud actual

- **Restos de culpa:** restos emocionales arrastrados de vidas pasadas que funcionan como falsas capas protectoras, que ocultan la verdad y, por ello, enmascaran potencialmente las decisiones positivas.
- **Filtros del destino:** decisiones efectuadas en vidas pasadas que limitan los sistemas de creencia actuales y las acciones que derivan de ellas.
- **Equilibradores de la balanza:** acciones extremas de otras vidas que a veces dan como resultado una sobrecompensación en esta vida.

Equipaje corporal

Llevo años ayudando a la gente a sanar dolores crónicos y problemas de salud mediante el proceso de regresión. Insisto: la regresión a vidas pasadas *no* es ningún sustituto de los tratamientos médicos. De hecho, la mayoría de las personas que experimentan una curación después de una regresión la tienen inesperadamente. No pretenden que una regresión cure alguna dolencia.

Cuando tiene lugar espontáneamente una sanación física durante el proceso de regresión, he descubierto que el cliente por lo general hace alguna de las siguientes cosas: recuerda un episodio violento que implica abuso o violación, se libera de una herida o muerte traumática o deja ir los problemas no resueltos, procedentes de lamentos o traiciones, que estaban presentes en el momento de una muerte anterior.

Cuando la gente experimenta un escenario de vidas pasadas con uno de estos componentes, normalmente surge un dolor concreto en su cuerpo, vinculado a una enfermedad actual. Cuando despiertan del trance, el dolor desaparece. El problema actual sana por completo en cuestión de semanas. Los síntomas físicos vinculados a lesiones o traumas de vidas pasadas constituyen el *equipaje corporal*.

Por ejemplo, Judy acudió a un seminario de regresión a vidas pasadas porque tenía curiosidad por descubrir más sobre sí misma. No tenía ni idea de que la experiencia resolvería su problema crónico de dolores de cabeza con migraña.

El tiempo no invitaba a salir fuera mientras tenía lugar el seminario. Era una noche fría y con nieve, en pleno invierno, por lo que sólo asistieron algunas personas. Sin embargo, el ambiente cálido y apacible del interior facilitó a todos la relajación.

En el estado de trance de la regresión, Judy viajó inmediatamente a la Francia de la época de la Revolución Francesa. Sabía que era un hombre y que estaba implicada de algún modo en los acontecimientos políticos.

Cuando la guie para que viera su muerte, se sorprendió de lo que experimentó.

—Permanezco de pie en una cola, en el exterior de una plaza pública. El cielo está gris y plomizo. Una enorme multitud de gente, que está abucheando, nos rodea. Oigo caer la hoja de una guillotina. La multitud vitorea. Quedan sólo unas cuantas personas más delante de mí antes de que me llegue el turno de afrontar mi muerte –dijo.

Cuando vi que Judy experimentaba una crisis, la animé a ver la situación de forma que fuera fácil y cómoda. Judy empezó a respirar rápidamente.

—Estoy enfadada porque soy inocente. Me han traicionado. ¡No debería estar aquí! ¡Soy inocente! –gritó.

De repente, un dolor en su frente reemplazó todas sus imágenes y pensamientos.

Pedí a todos que visualizaran una luz curativa blanca que acompañaba a su ser. Afirmé que todas sus células funcionaban en perfecta armonía y generaban salud.

Cuando Judy salió de la regresión, minutos después, deseaba compartir su experiencia con el grupo. Su dolor de cabeza había desaparecido, y se sentía bien. Le recomendé que tomara una esencia floral de consuelda para que le ayudara a recuperarse.

—Es extraño que siempre haya sentido simpatía por las personas que se convierten injustamente en chivos expiatorios –dijo.

Judy me llamó al cabo de un mes para decirme que no había tenido dolor de cabeza después de la regresión. Antes lo sufría dos veces a la semana, por lo menos. En aquel tiempo, los analgésicos con receta habían sido su único alivio. Ahora estaba libre de todo dolor.

Judy experimentó su patrón kármico en forma de equipaje corporal. Cuando liberó los sentimientos no resueltos de odio y traición presentes en el momento de su muerte traumática, el dolor de su vida actual desapareció.

Ejercicio de recuperación de problemas relacionados con el equipaje corporal

Reserva una hora para realizar el presente ejercicio. Comienza el proceso de sanación kármica dando el primer paso, la recuperación. Para ver si tus problemas de salud pueden estar vinculados a problemas de tu alma no resueltos, realiza este ejercicio:

- Enumera los problemas de salud o dolencias crónicas que los médicos no hayan podido curar.
- Anota las zonas de tu cuerpo más tensas.
- Enumera los procedimientos quirúrgicos a que te hayas sometido.
- Enumera cualquier cicatriz física, antojo o impedimento que tengas.
- Enumera las heridas que hayas sufrido.
- Enumera cualquier zona de tu cuerpo que tenga un piercing o un tatuaje.
- Fíjate en si se produce alguna regularidad. ¿Está débil alguna zona de tu cuerpo, sujeta a enfermedad?

Meditación para limpiar el karma

En esta sección darás el segundo paso de sanación kármica, el recuerdo. Una meditación guiada y un dibujo te ayudarán a librarte de bloqueos y barreras relacionados con tu cuerpo. Empieza con el dibujo haciendo lo siguiente:

- Dibuja un boceto básico de un cuerpo humano en un trozo de papel. No tiene por qué ser perfecto. Puede tener el aspecto de un monigote.
- Haz tres fotocopias.

- Etiqueta dos de las copias con la palabra «delante». Etiqueta dos de las copias con la palabra «detrás».
- También necesitarás lápices, bolígrafos o rotuladores de colores.

Graba el siguiente guion. Cuando estés listo, ve a tu espacio sagrado. Túmbate en una posición cómoda y pon en marcha la grabadora.

Respira profundamente dos veces para concentrarte. Cierra los ojos y profundiza en tu interior. Dibuja una línea imaginaria que corta tu cuerpo por la mitad, por la cintura. Fíjate en la mitad superior de tu cuerpo. ¿Cómo es de distinta energéticamente de la mitad inferior? Tienes que ser un observador objetivo, sin juzgar. ¿Sientes alguna tensión? ¿Ves algún color? ¿Percibes que tu energía flota libremente o está bloqueada en alguna parte?

Ahora borra esa línea imaginaria. En esta ocasión, con los ojos aún cerrados, imagina una línea vertical que corta tu cuerpo en una mitad delantera y otra trasera. ¿Cómo se siente la parte delantera, comparada con la de atrás? ¿Es más pesada? ¿Más ligera? Percibes alguna tensión? ¿Ves algún color? ¿Se siente tu energía flotar libremente, o está bloqueada en algún lugar?

Borra esa línea imaginaria. Examina todo tu cuerpo, desde los dedos de los pies hasta la parte superior de la cabeza. Fíjate en cualquier color o sensación que tengas. Examina todos tus órganos internos. Examina tus músculos y huesos. Fija tu atención en cualquier dolor. ¿Qué sientes? Pon tu atención en las cicatrices que tengas. ¿Percibes alguna forma abstracta? ¿Eres consciente de alguna palabra o pensamiento?

Tómate un momento para relajarte. Cuando estés listo, abre lentamente los ojos y vuelve a la habitación. Recordarás todo lo que has experimentado.

Ahora recupera uno de los dibujos del cuerpo humano que has etiquetado como «delante» y otro como «detrás». Utilizando tus bolígrafos de colores, marcadores o rotuladores, pon color a lo que has experimentado. Empieza con la parte frontal. Cuando examinaste la parte delantera de tu cuerpo, ¿te fijaste en...?

- Colores y formas abstractas.
- Palabras o pensamientos.

- Imágenes, como por ejemplo agujeros de bala, grilletes o prendas que cubran la cabeza.

Si es así, dibújalo. Asimismo, intenta dibujar cualquier experiencia corporal o sensorial, por ejemplo:

- Si experimentaste alguna tensión o dolor, ¿de qué color era? ¿Tenía alguna forma? Dibuja el color y la forma.
- ¿Experimentaste alguna zona de tu cuerpo que pareciera estar bloqueada? Si es así, dibuja el bloqueo. Dale una forma, un color y una localización. Hazte una idea del tamaño, de la densidad. Coloréala como oscura y densa, o, quizás, borrosa y ligera.
- Si sentiste que tu cuerpo estaba repleto de energía, dibuja el color y la dirección del flujo.
- Dibuja cómo la energía de la parte derecha se diferenciaba de la izquierda.
- Dibuja cómo la energía de la parte superior de tu cuerpo se diferenciaba de la inferior.
- ¿Cuál era la condición energética de tus órganos internos? ¿Parecían oscuros y pesados, o brillantes y vibrantes? Dibuja cualquier cualidad que notaras.
- ¿Qué aspecto tenían las operaciones, cicatriz e intervenciones? Dibuja su forma y color.
- ¿Cuál era la cualidad energética de tus músculos y huesos? Dibuja cualquier cosa que notaras.

Ahora repite este proceso, haciendo un dibujo de la parte posterior de tu cuerpo. Cuando hayas terminado, estudia tus dibujos con cuidado. ¿En qué se diferencia la parte delantera de la trasera? ¿Qué parecen decir sobre tu cuerpo?

Meditación para reprogramar tu equipaje corporal

Ahora graba la siguiente meditación. Una vez más, túmbate y pon en marcha la grabadora.

Cierra los ojos. Sabes que estás inmerso en un mar de energía curativa que fluye a tu alrededor. Tómate un momento para visualizar esta energía curativa en forma de luz dorada. Experiméntala entrando por la parte superior de la cabeza. Deja que baje por la cara, el cuello y el torso. Baña con luz todas las células.

Siente esta luz radiante extendiéndose por los brazos y llegando a las manos. La ves bajando por las piernas y llegando a los pies. Experimenta esta luz dorada, como rayos de luz del sol, llenándote de vitalidad. Bebe esta luz curativa. Absórbela como si fueras una esponja.

Tu cuerpo y tu mente adoptan una mayor armonía y un mayor equilibrio. Deja que cada célula de tu cuerpo funcione con una armonía perfecta. Siente una profunda sensación de paz. Te estás curando a muchos niveles. Tu cuerpo está sanando. Tus emociones están sanando. Tu espíritu está sanando. Tómate el tiempo que necesites para bañarte en esta deliciosa energía.

Cuando estés listo, examina tu cuerpo y percibe cualquier cambio en tu energía. Fíjate en cualquier ajuste.

Abre lentamente los ojos y vuelve a la habitación.

Afirmaciones para el equipaje corporal

Coloca la segunda copia de tus dibujos de «delante» y «detrás» frente a ti. Ahora que has hecho la meditación de curación del equipaje corporal, ¿has experimentado algún cambio de energía? Haz un nuevo dibujo para el frente y la espalda. Compara tu primer juego de dibujos con el segundo:

- ¿Cómo han cambiado?
- ¿En qué son iguales?
- ¿Qué dicen sobre ti?

Elige una afirmación de la lista siguiente para reforzar tu sanación. O inventa una:

- Mi belleza aumenta cada vez que me miro en el espejo.
- Cada día soy más fuerte y flexible.

- Me cuido muy bien.
- Estoy generando una salud perfecta.
- Estoy sanando a todos los niveles.
- Estoy sano y guapo.

Esencias florales para el equipaje corporal
Utiliza tu afirmación junto a una de las siguientes esencias florales para liberarte de patrones negativos, y graba nuevas imágenes positivas en tu mente:

- **Manzana silvestre:** libera de obsesiones relacionadas con impurezas o imperfecciones corporales.
- **Árnica:** libera de traumas y conmociones producidas por lesiones físicas.
- **Lengua de perro:** alivia la pesadez asociada con el aumento de peso.
- **Borraja:** ayuda a aligerar un corazón pesado.
- **Fucsia:** ayuda a aliviar los síntomas físicos consecuencia de la represión emocional.
- **Consuelda:** integra el cuerpo y la mente en el proceso de recuperación.
- **Estrellita:** libera del miedo al rechazo debido a la apariencia física.

Repite tu afirmación cada vez que tomes la esencia floral. Toma dos gotas de la esencia, cuatro veces diarias. Puedes repetir este ejercicio las veces que quieras. En cada ocasión tendrás ideas diferentes. Sin embargo, hay que seguir usando la misma afirmación y la esencia floral durante al menos un mes.

Recuerdos culposos

Estamos aquí en la Tierra para aprender y adquirir experiencia. Durante el proceso de aprendizaje todos cometemos errores. Es humano errar. Sin embargo, si no asumimos la responsabilidad de un error, normalmente sentiremos culpa. Ésta pasa a nuestro piloto automático, donde cristaliza en forma de miedo. Después, sin darnos cuenta, adoptamos ese miedo como una respuesta automática a la vida.

A veces, la gente se queda bloqueada sin progresar porque se siente culpable por un hecho o acción pasados. No obstante, no siempre recuerdan de qué hecho se trató. ¿Alguna vez has dicho: «¿qué he hecho yo en alguna vida pasada para merecer esto?».

He descubierto que el problema no suele ser el acto que se cometió. Por el contrario, el problema procede de la historia que hemos inventado en torno al acto, combinada con el sentimiento de culpa. Los restos emocionales que son restos de vidas pasadas y que ocultan la verdad son *recuerdos culposos*.

Durante una regresión grupal, Susan estaba tumbada en el saco de dormir que se había llevado a clase. Las luces tenues y el relajante sonido de unos cuencos tibetanos llenaban la habitación. Después de unos minutos de escuchar mi voz lenta e hipnótica, cayó en trance. Entonces, aparecieron imágenes en el ojo de su mente. Susan sabía que se hallaba en la Inglaterra victoriana.

—Llevo puesto un camisón blanco, tumbada en una cama con dosel. Parece que estoy muy enferma con neumonía. Mis seis hijos están al lado de la cama. ¡No quiero morir! ¿Cómo voy a abandonarlos? –dijo.

Mientras Susan estaba tumbada boca arriba en la clase oscura, caían lágrimas por sus mejillas.

Cuando guie al grupo para que examinaran su vida pasada con la conciencia de su alma, Susan tuvo una revelación:

—Me siento culpable por morir y abandonarlos. ¡Pero no los abandoné! ¡No enfermé a propósito! Ahora puedo ver que mis hijos deben experimentar el hecho de perderme para su propio aprendizaje y crecimiento espiritual.

Cuando volvieron a encenderse las luces de la clase, Susan fue la primera en levantar la mano y contar su regresión. Lo primero que compartió fue lo sorprendida que estuvo por su reacción emocional. No tenía ni idea de por qué había llorado. También compartió lo que había comprendido.

—No tengo hijos en esta vida porque nunca quise tenerlos. Solía bromear diciendo: «debo de haber sido una madre terrible en una vida pasada», como una forma de explicar la firmeza de mi actitud. Pero ahora veo que no fue terrible en absoluto –dijo.

En el momento de su muerte anterior, Susan se juzgó a sí misma. Su creencia errónea en que había hecho algo malo al morir generó un *recuerdo culposo*. A Susan le quedó un miedo inexplicable a tener hijos en esta vida. Durante su regresión a una vida pasada, pudo liberarse del miedo y la tristeza, eliminar el recuerdo y curar la culpa. Cuando salió del seminario, sentía que era realmente adecuado para ella renunciar a ser madre.

Ejercicio de recuperación de problemas relacionados con el recuerdo culposo

Uno de los principios fundamentales de la sanación kármica es asumir la responsabilidad de las propias acciones. Es muy simple. Si tenemos integridad, tenemos un fundamento sólido sobre el cual construir nuestra vida. Si carecemos de tal cosa, sufriremos. El ejercicio siguiente te ayudará a empezar a averiguar dónde necesitas actualizar y recuperar tu integridad:

- Asume la responsabilidad y limpia las áreas en que hayas incumplido acuerdos. ¿En qué ámbitos de tu vida evitas hacer lo que dijiste que harías? ¿En casa? ¿Con el dinero? ¿Con tu salud? ¿En ciertas relaciones? ¿Qué compromisos no has cumplido?
- Haz una lista de cómo estás incumpliendo tus compromisos contigo mismo. ¿Haces trampas en tu dieta? ¿Llegas puntual o tarde siempre? ¿Estás dejando a un lado algo que sabes que necesita tu atención inmediata? ¿Dónde puedes restaurar tu integridad contigo mismo? Hazlo inmediatamente.
- ¿Has hecho daño a alguien y debes disculparte? Si quieres que esa persona vuelva a tu vida, llámala por teléfono y dile que lo sientes. Si la persona está muerta o no localizable, escribe una carta de disculpa dirigida a ella. Después quémala en el fregadero o la chimenea.
- ¿Te has quedado con cosas de otros? ¿Tienes libros prestados sin devolver? ¿Debes dinero a alguien y te niegas a devolverlo? ¿Es-

tás dejando sin crédito tus tarjetas y debes dinero? Haz lo que debas para volver al buen camino.

- Ayuda a otros a mantener sus acuerdos contigo. Si sigues en compañía de gente que carece de integridad, no recibirás mucha ayuda.
- Si has hecho algo malo, en primer lugar, haz lo que puedas para reparar tu error. Después pide perdón al espíritu divino. Promete no repetir nunca tu error. Para demostrar que eres sincero, renuncia a algo durante algún tiempo o haz actos caritativos. Ayuda durante un día o da dinero a entidades benéficas. Trabaja como voluntario en tu tiempo libre, en algún refugio para personas sin techo, o inscríbete a la asociación que se ocupa de la limpieza de la zona donde vives.

Si emprendes acciones acerca de lo que has escrito en tus listas, tu vida cambiará de forma positiva. Tu carácter se fortalecerá y te convertirás en una persona de confianza. Tu reputación crecerá y serás una persona responsable, honrada y digna de confianza.

Sé consciente de tus recuerdos culposos

Los problemas relacionados con los recuerdos culposos son los más difíciles de afrontar. A veces nuestra culpa nace de la historia que hemos inventado en nuestra mente en torno a un incidente. Sin embargo, otras nace de habernos portado mal.

Se necesita valor para reconocer los errores. En este proceso afrontamos nuestra mezquindad, nuestras decisiones erróneas y nuestro yo inferior. No obstante, al afrontar estas partes desagradables de nuestra personalidad, tenemos una oportunidad para crecer. Cuando nos limpiamos de nuestros errores, recuperamos la integridad y nos hacemos íntegros. El proceso nos obliga a tener compasión cuando encaramos nuestra propia humanidad, y a consecuencia de ello ampliamos nuestra capacidad de tener empatía. La siguiente meditación está diseñada para visualizar un recuerdo culposo como un atento observador, de forma que podamos examinar un patrón objetivamente.

Ve a tu espacio sagrado. Relájate en una posición cómoda y cierra los ojos. Respira profundamente y déjate fundirte en una sensación de paz. Haz todo el ejercicio de relajación corporal. Calma tu mente y experimenta una relajación total. Rodéate con una luz blanca de protección.

Imagínate en tu silla favorita, sentado frente a una gran pantalla de televisión. Te sientes muy relajado y en paz. En tu mano tienes un mando a distancia. ¿En qué área de tu vida existe un recuerdo culposo?

Presiona el botón superior del mando a distancia. Cuando presionas el botón, aparece la imagen de una vida pasada en la pantalla de televisión. Puedes visualizarla de forma fácil y cómoda. ¿De qué época es? ¿Qué país es? ¿Eres hombre o mujer? ¿De qué color es tu piel? ¿Hay alguien contigo? Si es así, ¿reconoces a esa persona en tu vida actual? ¿Quiénes son los personajes? ¿Qué están haciendo? Confía en tus impresiones.

Si no puedes ver ninguna imagen, ¿qué estás sintiendo? Permítete experimentar el núcleo del problema. ¿Qué sensaciones corporales tienes? ¿Qué pensamientos fluyen en tu mente? ¿Cuáles son los detalles de la historia? Visualízala como un atento observador, como si estuvieras viendo una película. Pregunta a tu yo superior qué necesitas hacer para sanar.

Imagina una luz dorada que llena cada célula de tu cuerpo con fulgor, como la luz dorada del sol. Te llena con calidez y vitalidad. Sigue bañándote en la luz durante todo el tiempo que quieras.

Cuando estés listo para volver, imagínate presionando el botón del mando a distancia que apaga el televisor. Abre lentamente los ojos.

Anota todo lo que has experimentado. Incluso puede no tener sentido; no hay problema. Registra todas las imágenes, pensamientos, sensaciones corporales e ideas.

Libérate de los recuerdos culposos

Los recuerdos culposos tienen un fuerte componente emocional. Si la meditación ha hecho que aparezcan algunas emociones incómodas, a continuación, ofrezco algunas formas creativas para estimular una liberación catártica y con ello sentirse mejor:

- Solo o en grupo, tocar un instrumento de percusión ayuda a expresar y liberar sentimientos ocultos. Puedes encontrar grupos

de percusión de cualquier parte de Estados Unidos en www.geocities.com/talkingdrumpub/drummingcircles.html
- Solo o en grupo, la danza libre puede liberar sentimientos que tal vez no puedas expresar con palabras. Puedes localizar talleres de danza en www.ravenrecording.com o www.groupmotion.org
- Pintar y esculpir también puede ser muy terapéutico. Consulta en los centros de enseñanza o las universidades de tu zona donde ofrezcan clases para adultos.

Reprograma tus recuerdos culposos

Si te sientes culpable porque te has apartado de tu camino espiritual, no te preocupes. Puedes volver a él con un código de conducta que utilizaban los sabios y que es aplicable aún hoy día. Evita los siete pecados capitales, vicios que se considera que embotan tus sentidos espirituales y oscurecen tu luz interior:

- **Orgullo:** creencia excesiva en tus propias capacidades, que interfiere en el reconocimiento de la gracia de lo divino. Algunas tradiciones lo llaman ego.
- **Envidia:** resentimiento hacia el bien que otros reciben. Si sientes envidia de otro, te estás diciendo a ti mismo que no tienes el poder para generar lo que necesitas en tu propia vida.
- **Gula:** deseo incontrolado de comer más de lo que necesitas.
- **Lujuria:** ansia incontrolada por los placeres de la carne, sin la responsabilidad de mantener una relación basada en el amor y el afecto.
- **Ira:** insatisfacción extrema que puede destruir relaciones, familias o incluso países. Sin embargo, la ira reprimida es igualmente peligrosa, ya que puede generar problemas de salud.
- **Codicia:** deseo de tener más riqueza de la que necesitamos.
- **Pereza:** evitar el trabajo físico o espiritual.

Los antiguos tenían remedios o antídotos, llamados las siete virtudes. Practica estas cualidades a diario:

- **Humildad:** debes verte como realmente eres tú mismo y no compararte con los demás.
- **Bondad:** compórtate siempre con consideración, atención, amistad y simpatía hacia los demás.
- **Abstinencia:** acepta los límites naturales de tu cuerpo.
- **Castidad:** practica el autocontrol; aprende a ser vulnerable con otra persona, a transformar el deseo en intimidad.
- **Paciencia y compasión:** ve por el camino de la no violencia; actúa amorosamente contigo mismo, al igual que con los demás.
- **Templanza:** no cojas nada que no te pertenezca. Las recompensas inmerecidas pueden conllevar obligaciones no deseadas; conténtate con lo que tienes.
- **Diligencia:** sé disciplinado, consciente y comprometido en tus esfuerzos.

Cuando transformes los pecados capitales en virtudes, la luz de tu alma brillará mucho más. Te sentirás más feliz y en paz, y con ello tendrás más energía para conseguir logros mayores.

Afirmaciones para el recuerdo culposo

Elige una afirmación de la lista siguiente, que pueda reforzar tu sanación emocional. O invéntala tú mismo:

- Me amo y me acepto completamente.
- Practico el amor y la bondad.
- Practico la paciencia y la aceptación.
- Me perdono a mí mismo.
- Me libero de todo el odio y la decepción, y profundizo en la felicidad.
- Mantengo mi palabra.

Esencias florales para el recuerdo culposo

Utiliza tus afirmaciones junto con una de las siguientes esencias florales para liberarte de la culpa y registrar nuevas imágenes positivas en tu mente:

- **Pino:** libera de la autoinculpación y del hábito de ser demasiado duro con uno mismo.
- **Olmo:** desarrolla una valoración honesta de las propias capacidades.
- **Gordolobo:** ayuda a distinguir lo correcto de lo incorrecto.
- **Ranúnculo:** elimina los sentimientos de ausencia de valía.
- **Ciruelo mirobolán:** libera del miedo a perder el control.
- **Lirio de los Alpes:** elimina la culpa relacionada con la sexualidad femenina.
- **Agrimonia:** impide que se cubra el dolor y la culpa con una máscara alegre.

Pronuncia tu afirmación cada vez que tomes tu esencia floral. Toma dos gotas de la esencia, cuatro veces diarias. Sigue utilizando la misma afirmación y la misma esencia floral durante un mes por lo menos.

Filtros del destino

Tu mente es una máquina que tiene más de cinco mil pensamientos diarios. Charla sin cesar a lo largo del día, haciendo juicios, comentarios y tomando decisiones. Es la voz de tu cabeza que probablemente te esté diciendo ahora: «¿de qué voz está hablando la autora?».

Mientras pasamos por la vida, desarrollamos opiniones y creencias sobre el mundo y sobre quién creemos que somos. Si a un niño se le dice constantemente que no es bueno, es probable que crezca creyendo que es un inútil. Si acepta el pensamiento negativo repetido, se convertirá en parte de su piloto automático.

El resultado es que su vida externa reflejará este pensamiento negativo de algún modo. Sus respuestas automáticas dictarán las decisiones que tome. Si de verdad no cree merecer riquezas, probablemente no ganará mucho dinero. Su aspecto físico puede parecer desaliñado. La gente no le valorará ni le respetará de verdad.

Si crees que no eres bueno, tal vez carezcas de confianza. También te puede faltar motivación y determinación porque realmente no crees que puedes conseguir lo que quieres. Por supuesto, no eres consciente de estos pensamientos negativos que están generando una condición negativa en tu vida.

Tus pensamientos cristalizan en un sistema de filtro invisible a través del cual percibes el mundo. Este sistema de filtro es un *filtro del destino*. Tu filtro del destino da color a tus percepciones, aunque no seas consciente de ello. Por ejemplo, ¿alguna vez te has puesto unas gafas con los cristales de color rosa? Hacen que todo parezca más brillante al principio, pero después de llevarlas un tiempo tus ojos perciben el aspecto rosa como normal. Cuando te quitas las gafas, tardan un tiempo en volver a adaptarse a su visión natural.

Generamos filtros del destino cuando tomamos decisiones sobre quiénes somos y cómo deberíamos ser en la vida, programándolos inconscientemente en nuestro piloto automático. Las decisiones que hemos tomado en la niñez pueden influir en nuestros filtros. A veces éstos son vestigios de vidas anteriores. Cuando la gente se hace consciente de los filtros de destino que les están frenando, quedan libres para elegir otra forma de ser y, con ello, progresan.

Jennifer era una secretaria mal pagada que odiaba su trabajo. Su empleo no le ofrecía oportunidades de progresar, pero necesitaba tener la seguridad de un cheque semanal. Puesto que no sabía a qué clase de carrera profesional quería dedicarse, no tenía ninguna idea sobre cómo mejorar su situación. Cuando vio que hablaban sobre la regresión a vidas pasadas en un programa de televisión, tuvo una inspiración. No estaba segura de cómo recordar una vida pasada podría ayudarla a cambiar su existencia, pero se sintió intrigada. Buscó en Internet sobre regresiones a vidas pasadas, encontró mi página web y me llamó para concertar una cita.

Durante la sesión, le pedí que se dirigiese hacia la raíz del problema. Mientras se encontraba bajo hipnosis, Jennifer vio una vida en la ciudad de Nueva York. Sabía que era a principios del siglo XX.

—Llevo un vestido de manga larga de colores apagados. Parece que trabajo en una fábrica como costurera. Es una especie de taller clandestino. Pero estoy contenta de trabajar. No hay ninguna alternativa excepto casarme con alguien a quien no ame de verdad –dijo.

Jennifer rompió a llorar mientras seguía recordando más detalles.

—Estoy de pie ante un altar y llevo puesto un vestido de novia de raso. Me siento muy deprimida.

Mientras se encontraba en estado de hipnosis, Jennifer localizó su depresión como una bola de plomo en el estómago. Visualizó que se convertía en un platillo volante del que después se liberaba. Afirmamos que era una mujer poderosa que tenía muchas opciones.

Mientras salía de su estado de regresión, Jennifer se encontraba ligeramente conmocionada. Dijo:

—¡Dios mío! ¡Mi vida incluso ahora es exactamente igual! Odio mi trabajo. Había pensado en casarme con un hombre que no amo, sólo por distraerme. Siempre voy a lo seguro.

Jennifer vio que toda su vida había tenido miedo de arriesgar. Nunca había pensado en tener un trabajo que le gustara como una posibilidad real. Por fin estaba preparada para liberarse de su filtro del destino, «siempre voy a lo seguro», y arriesgarse saludablemente. Le recomendé que tomara una esencia floral de avena silvestre para ayudarse en la elección de su carrera profesional, junto con la afirmación: «tengo libertad para hacerme valer». Después de seguir este plan durante varios meses, descubrió que lo que realmente le gustaba era ayudar a la gente. Me llamó para decirme que se había inscrito en una escuela de enfermería.

Ejercicio de recuperación de problemas del filtro del destino

Una vez que descubras tus creencias limitadoras inconscientes, puedes cambiarlas. Para entablar contacto con los filtros de destino construidos en el pasado, contesta a las siguientes preguntas:

- ¿Te afectan las preocupaciones o los pensamientos acelerados?
- ¿Dices una cosa, aunque estés pensando lo contrario?
- ¿Temes tanto ser criticado que no te reafirmas a ti mismo?
- ¿Necesitas la aprobación de otros hasta el extremo de no llegar a ser auténtico?
- ¿Encuentras siempre una buena explicación sobre por qué no puedes tener lo que quieres?

- ¿Eres pesimista, lo ves siempre todo negro?
- ¿Ocultas a veces la verdad por miedo a quedar mal?

Meditación para el filtro del destino

Ahora utilizaremos las ideas que has recibido en el ejercicio para aplicarlas al paso siguiente. Recuerda que esta meditación te ayudará a localizar y transformar cualquier filtro del destino que pueda influir en tus sentimientos y decisiones.

Antes de comenzar esta meditación, graba el guion en una grabadora. Cuando estés listo para hacer el ejercicio, ve a tu espacio sagrado. Túmbate en una posición cómoda y enciende la grabadora. Tómate quince minutos para hacer la meditación.

Respira profundamente varias veces para concentrarte. Cierra los ojos y profundiza. Deja que todos tus pensamientos fluyan como nubes en un cielo azul. Reclama la presencia de tu yo superior. Te sientes bañado en un mar de amor. Un profundo sentido de paz y relajación llena todo tu ser. Mientras te encuentras en este estado, te sientes centrado y tranquilo. Puedes verte de forma clara y objetiva.

¿Estás listo para liberarte de un filtro del destino? Respira profundamente y confía en la respuesta que recibas. Acepta la respuesta que flota en tu mente. Si la respuesta es sí, continúa. Si es no, vuelve a intentarlo en otra ocasión.

¿Qué pensamiento negativo sobre ti mismo estás preparado para liberar? Respira profundamente. Deja que tu conciencia se traslade a esos lugares de tu cuerpo donde reside este pensamiento. Nota las sensaciones. Fíjate en si estás experimentando alguna sensación de tensión... pesadez... incomodidad... o dolor.

¿Hay emociones relacionadas con este pensamiento negativo? Respira profundamente. Deja que los sentimientos afloren suavemente a la superficie. Confía en lo que llega.

¿Cómo influye este pensamiento negativo en tu vida? Respira profundamente. Recuerda cualquier situación en la que este pensamiento negativo estuviera presente. ¿Qué personas interactúan contigo cuando tienes este pensamiento negativo? ¿Qué conversaciones tienes? ¿Cómo colocas tu cuerpo mientras fluye este pensamiento? Deja que tus respuestas fluyan

suavemente en tu mente. Confía en la información que se filtra en tu conciencia.

Ahora olvida todo eso. Siente tu cuerpo. Puede que quieras estirarte. Cuando estés listo, abre tus ojos lentamente. Anota en tu diario lo que has experimentado.

Karma en un collage

Ahora utilizarás la información que has recopilado en la meditación y la convertirás en un collage. Busca en revistas o periódicos un mínimo de veinticinco imágenes que expresen el filtro de tu destino. Busca imágenes que expresen el pensamiento; sensaciones corporales, emociones y situaciones asociadas con él; conversaciones asociadas con él; y personas conectadas con él. Ordena las imágenes en una página en blanco de tu diario o utiliza un trozo de papel más grande. Pega las imágenes como desees. Puedes añadir palabras impresas. Intenta no pensar en ello; limítate a divertirte. El collage que has compuesto es el filtro de tu destino.

Afirmaciones para el filtro del destino

Ahora transforma tu filtro del destino negativo en una declaración reafirmante de la vida. Elige una afirmación de la lista que ofrezco a continuación para reforzar tu curación. O invéntala tú mismo. Tu nuevo pensamiento sobre el filtro del destino debería estimularte sobre las posibilidades de tu vida. Anota tus pensamientos positivos en tu diario, utilizando letras grandes para darles énfasis.

- Decido estar tranquilo y calmado.
- Soy amable y cariñoso conmigo mismo.
- Dedico tiempo a descansar y recuperarme.
- Respeto a los demás y ellos me respetan a mí.
- Estoy dispuesto a ser completamente honesto conmigo mismo.
- Me comunico con facilidad y confianza.

Utiliza tus afirmaciones junto con una de las siguientes esencias florales para liberarte de los pensamientos negativos, y registra nuevas imágenes positivas en tu mente:

- **Verbena:** libérate de la necesidad de tener razón sin importar lo que cueste.
- **Castaño blanco:** libérate de los pensamientos obsesivos y preocupaciones.
- **Rudbeckia:** contrarresta el rechazo y aumenta la honestidad con uno mismo.
- **Boca de dragón:** libera de la tendencia a los abusos verbales.
- **Haya:** elimina la tendencia a criticarse a uno mismo y a otros.
- **Álamo temblón:** libera de las ansiedades y miedos inconscientes.
- **Olivo:** elimina el agotamiento mental y físico.

Pronuncia tu afirmación cada vez que tomes la esencia floral. Toma dos gotas de la esencia, cuatro veces al día. Sigue utilizando la misma afirmación y esencia floral durante un mes por lo menos.

Equilibradores de la balanza

El mundo está lleno de injusticias. ¿Alguna vez te has preguntado por qué algunas personas alcanzan el estrellato, mientras que otras, con el mismo talento, no obtienen reconocimiento? ¿Por qué algunos niños mueren a una edad temprana, antes de tener la oportunidad de llevar una vida plena? ¿Y cómo es posible que algunos criminales no reciban su merecido castigo, mientras que personas inocentes están encerradas entre rejas?

A un nivel más personal, tal vez te hayas preguntado en un momento u otro, «¿por qué mi jefe ascendió a alguien menos cualificado que yo?», «¿cómo es que mi amante me ha abandonado por alguien no tan bueno como yo». O bien, «¿por qué tengo que trabajar tan duramente por todo lo que tengo, mientras que otros parecen tener toda la suerte del mundo?».

La vida no es justa. Sin embargo, si adoptas una visión más amplia y aceptas el concepto de reencarnación, verás que la justicia divina encaja perfectamente en un plan superior.

Vivimos en un mundo dinámico que está cambiando constantemente; una danza de opuestos que buscan el equilibrio. La rueda de la vida gira entre los confines del tiempo lineal, integrando la justicia cósmica en tu vida. La existencia es una experiencia continua que no se limita a una reencarnación. Algunos patrones de hábitos de nuestra vida actual pueden ser un esfuerzo para equilibrar acciones iniciadas en vidas pasadas.

He descubierto que las personas que han empleado mal su poder no han aprendido una lección espiritual, o se han comprometido en actividades inmorales en otras vidas, sienten la necesidad imperiosa de emprender acciones en su vida actual que equilibren esa conducta. Esta necesidad inexplicable de compensar en esta vida es un *equilibrador de la balanza.*

Cuando Christine recurrió a mí para una regresión, no tenía ningún problema particular que curar. Acababa de leer un libro sobre el tema de la reencarnación y tenía curiosidad por ver lo que podría descubrir. Era una madre a tiempo completo que trabajaba a tiempo parcial, y sin duda necesitaba relajarse.

Christine llegó fácilmente al estado de regresión que la llevó a una vida totalmente distinta de la actual. Sabía que transcurrió durante el Renacimiento y que ella era una joven italiana adinerada, con muchos admiradores. Le pregunté cómo pasaba la mayor parte del tiempo.

—Llevo un vestido de fiesta de brocado y estoy de pie debajo de una enorme lámpara, en una gran sala de baile. Bebo champán y hablo con varios jóvenes muy atractivos. ¡Parece que todo lo que hago es asistir a fiestas! –dijo.

Pedí a Christine que examinara esa vida, mientras seguía en trance.

«Muero más bien joven por algún tipo de enfermedad. Aunque he tenido mucha vida social, nunca he entablado relaciones profundas. Fui una persona superficial. No me comprometí con nada ni con nadie, verdaderamente. Aunque era divertido, me sentía vacía –añadió.

Christine después se liberó del sentimiento de vacío visualizando gotas de lluvia que caen en un barril. Cuando el barril estaba lleno de agua limpia y fresca, rompió a reír. La invadió un sentimiento de felicidad.

Cuando Christine salió de la regresión, dijo:

—¡Vaya, era tan frívola! ¡Era sólo una chica de fiestas! No tenía que trabajar ni hacer nada excepto divertirme. Es justo lo contrario de esta vida.

Christine se dio cuenta de que estaba sobrecompensando en esta vida siendo excesivamente responsable. Cada día parecía ser una serie de tareas interminables. Sin embargo, ya había pagado su deuda kármica. Aprendió a ser responsable y tener relaciones con sentido. Le recomendé que tomara una esencia floral de zinnia para ayudarse a recuperar la capacidad de mostrarse alegre y desenfadada.

Para ella fue un alivio tan grande poder relajarse que concertó más sesiones curativas. Christine se dio cuenta de que trabajaba constantemente, sin tiempo para descansar. En el transcurso de un mes, cambió su vida inscribiéndose en un club de lectura y un curso de enología.

Ejercicio para problemas relacionados con la recuperación del equilibrador de la balanza

Comienza el proceso de sanación kármica dando el primer paso, la recuperación. Para identificar cualquier acción de la vida pasada que pudiera aparecer como una acción desequilibrada en tu vida actual, contesta a las siguientes preguntas:

- ¿Qué ámbito de tu vida está desequilibrado?
- ¿Atrae algún ámbito de tu vida la mayor parte de tu atención y de tu energía, a expensas de tu bienestar?
- ¿En qué ámbitos de la vida necesitas entregarte?
- ¿Adoptas con frecuencia el papel de salvador, o bien necesitas que te salven?
- ¿Hay algún aspecto de tu vida que no tengas bajo control?
- ¿Sientes que tienes que rendir en exceso para demostrar que eres lo suficientemente bueno?
- ¿En qué aspectos de tu vida te cuesta desenvolverte? ¿Las relaciones? ¿El dinero? ¿La autoexpresión? ¿La salud?

Meditación para el equilibrador de la balanza

Si crees que estás llevando una vida desequilibrada, esta meditación te ayudará a descubrir cómo equilibrarla. Puede que quieras grabar el guion. Necesitarás la baraja de cartas de tarot que utilizaste en el capítulo I. Examínala y busca la carta de la Justicia, el número once en la baraja de Los Arcanos. Siéntate erguido en una silla con la columna recta, y coloca la carta delante de ti.

Fíjate un objetivo para esta meditación. ¿Qué quieres saber? Podría ser algo como: «quiero más información sobre cómo _______».

Ahora enciende la grabadora y lleva a cabo la meditación.

Concéntrate en la carta. Capta toda la imagen: los colores, la figura sujetando una espada en una mano y balanzas en la otra. Cierra los ojos e intenta recordar la carta con el ojo de tu mente. Practica esto hasta que puedas recordar la carta con todos sus detalles, si eres clarividente. O bien puede que tengas alguna sensación de la carta, si eres clarisintiente.

Con los ojos cerrados, imagina que la carta crece más y más, hasta que su figura adopta un tamaño real. Entra en la carta. Mira a tu alrededor. ¿Qué hora del día es? ¿Estás en el interior o en el exterior? Percibe el entorno. ¿Oyes algún sonido?

Acércate a la figura del tarot. Tiene un mensaje para ti. Puede decirte la mejor forma de equilibrar las balanzas. Recibe ahora este mensaje. Déjalo fluir en tu mente. ¿Qué necesitas hacer para ser sincero contigo mismo? ¿Qué necesitas para ser responsable de tus acciones? Tómate algo de tiempo para recibir alguna otra idea. Observa que las balanzas quedan en perfecto equilibrio.

Da las gracias a la figura del tarot y aléjate. Sal de la carta. Cuando lo hayas hecho, encógela hasta su tamaño normal.

Cuando estés listo, abre lentamente los ojos y vuelve a la habitación.

Contesta a las siguientes preguntas en tu diario:

- ¿Qué hora del día era?
- ¿Qué tipo de entorno era?
- ¿Cómo era el tiempo?
- ¿Escuchaste algún sonido?

- ¿Qué mensaje recibiste?
- ¿Cómo vas a equilibrar las balanzas?
- ¿Qué necesitas para ser sincero contigo mismo?
- ¿Qué necesitas para ser responsable de tus acciones?

Afirmaciones para el equilibrador de la balanza

Sintetiza en una afirmación los mensajes y los consejos que has recibido en la meditación. Escoge de la lista que ofrezco a continuación, o invéntala tú mismo para reprogramar tu forma de pensar y equilibrar tu vida.

- Utilizo sensatamente mi poder para el mayor bien de todos.
- Mi vida está repleta de comodidad y alegría.
- Soy suficientemente bueno.
- Ahora tengo suficiente tiempo, energía y dinero para conseguir mis objetivos.
- Recibo todo el amor y apoyo que necesito.
- Honro mis limitaciones y sé lo que no puedo hacer.

Asimismo, prueba a dormir con la carta de la Justicia bajo tu almohada, durante un mes, mientras experimentas los cambios.

Esencias florales para el equilibrador de la balanza

Utiliza tus afirmaciones, junto con una o más de las siguientes esencias florales, para liberarte de actitudes negativas y grabar en tu mente nuevas imágenes positivas:

- **Agua de roca:** libera de las normas de conducta rígidas y que conllevan la autonegación.
- **Carpe:** libera de la sensación de sentirse agobiado por las tareas cotidianas.
- **Olmo:** alivia la sensación de estar sobrecargado o excedido.
- **Alerce:** libera del miedo de cometer errores.
- **Castaño rojo:** libera del hábito de ser excesivamente responsable con los demás.

- **Calochortus albus:** elimina las conductas inmaduras e irresponsables.
- **Zinnia:** elimina la adicción al trabajo y la incapacidad de jugar.

Pronuncia la afirmación cada vez que tomes la esencia floral. Toma dos gotas de la esencia, cuatro veces al día. Sigue utilizando la misma afirmación y la misma esencia floral durante un mes por lo menos.

Más recursos

Repetir palabras sánscritas sagradas, o mantras, 108 veces (unos diez minutos) al día, durante cuarenta días puede provocar cambios positivos y favorecer la curación. Los mantras pueden aliviar las duras lecciones de la vida, atraer la abundancia y generar sanación.

Encontrarás muchas útiles grabaciones de mantras en CD, entre ellos los siguientes:

- *Mantras curativos*, de Thomas Ashley
- *Jiva Mukti*, de Nada Shakti y Bruce Becvar
- *Om Namaha Shivaya*, de Robert Gass y On Wings of Song
- *La esencia*, de Deva Premal

Resumen

Ahora ya has aprendido cómo los patrones kármicos han influido en tu cuerpo, emociones, pensamientos y acciones. Si has dedicado tiempo a completar los ejercicios, deberías sentirte como si fueras una nueva persona. Envíate ahora por correo la segunda copia de tu carta de compromiso para recibir apoyo y estímulo continuos. Fija una fecha para consultar a tu equipo de apoyo.

En el capítulo siguiente, examinaremos tus primeras relaciones kármicas. Exploraremos tu karma biológico y los vínculos con tus antepasados y los miembros de tu familia.

PARTE II

Vínculos kármicos con otras personas

Capítulo 5

Tu base kármica

En la primera parte de este libro has aprendido las herramientas de la sanación kármica. Has sanado problemas no resueltos de tu alma y has transformado patrones kármicos. En la segunda parte examinarás los vínculos kármicos con tus antepasados y los miembros de tu familia.

En este capítulo explorarás tu karma biológico. Descubrirás lo que has heredado de tus antepasados y cómo influye en tu vida este legado. Los ejercicios te enseñarán a descubrir tu talento y a reconocer la sabiduría que has obtenido de los retos de la vida. También aprenderás a extraer fuerza de tu herencia y a sanar circunstancias familiares dolorosas.

Interludio kármico

¿Alguna vez te has preguntado qué le ocurrirá a tu alma cuando mueras? Durante una regresión a vidas pasadas observas momentos significativos de alguna vida anterior. En la conclusión de una regresión a vidas pasadas, te sientes guiado para contemplar la causa de tu muerte en esa vida y el tipo de funeral que se celebró. Te sientes dirigido para abandonar el cuerpo que habitaste en esa vida pasada a fin de ingresar en el ámbito exquisito del espíritu, donde no existe el dolor físico.

Mientras se encuentra bajo el efecto de la hipnosis, las personas que experimentan su alma como algo separado de su cuerpo se sienten eufóricas. Se sienten abrumadas por un profundo sentido de paz y comodidad. Sienten como si estuvieran flotando. Muchos terapeutas de vidas pasadas llaman fase de *entrevida* a la etapa de la regresión posterior a la muerte. En esa dimensión inmaterial que hay entre reencarnaciones, recibimos la curación transformando cualquier culpa, dolor y negatividad que tengamos guardados en amor y aceptación.

En la fase de entrevida tienes acceso total a la sabiduría de tu alma. Por ello, puedes visualizar tu vida pasada y actual con total objetividad y claridad. Examinar tu vida pasada revela más detalles significativos e ideas en las lecciones espirituales que has aprendido. En este estado ampliado de conciencia también recibes consejos en lo relativo a las acciones que debes tomar en tu vida actual. Después de experimentar la entrevida, aumenta nuestra sensación de que existe un sentido.

Los terapeutas de regresión a vidas pasadas están de acuerdo en que, cuando tu vida ha finalizado, tu alma acude a la dimensión espiritual a la que accede durante la entrevida. Después de la muerte permaneces en esa dimensión espiritual hasta que renaces en una nueva reencarnación.

Los investigadores han recopilado pruebas que respaldan la teoría de la inmortalidad del alma. Libros como *Recordando tu vida antes del nacimiento*, de Michael y Marie Gabriel, y *Viaje de almas*, de Michal Newton, se centran en lo que le ocurre al alma entre vidas. En su libro *Vida después de la vida*, el doctor Raymond Moody cuenta las experiencias cercanas a la muerte de muchas personas que se consideraron clínicamente muertas. El libro incluye muchos ejemplos de personas que recuerdan haber salido de sus cuerpos para llegar a una dimensión espiritual donde experimentaron una sensación de paz y libertad. Muchos supervivientes de la muerte clínica han contado que recibieron el apoyo de amables ayudantes o guías espirituales. Otros recordaron haberse encontrado con parientes que habían muerto hace años.

El tiempo pasado entre vidas es similar a encontrarse en una zona de descanso, donde trazamos la ruta de nuestro siguiente viaje terrenal. Decidimos qué karma equilibrar y qué lecciones aprender.

Mientras nos encontramos en estado espiritual, tenemos acceso al conocimiento que hemos acumulado de todas nuestras vidas. Podemos ver nuestros diversos puntos débiles y fuertes. Podemos planificar las experiencias que necesitamos en nuestra siguiente reencarnación a fin de continuar nuestro crecimiento espiritual.

Tu traje kármico

Las primeras relaciones kármicas que tenemos son con nuestros padres. Elegimos nuestros padres firmando un contrato espiritual con ellos en la entrevida. Tal vez digamos: «fui un accidente; mis padres no planificaron mi nacimiento». A un nivel consciente puede que no hayan planificado tenerte, pero a nivel espiritual estaban de acuerdo en hacerlo. A nivel espiritual tomamos decisiones durante todo el tiempo, seamos o no conscientes de ello.

Nuestro karma biológico consta de los patrones físicos, emocionales y mentales que heredamos de los antepasados de nuestros padres. Ese karma ha pasado de generación en generación. Tu karma biológico es tu *traje kármico*.

¿Alguna vez te has preguntado por qué tienes un aspecto determinado? ¿O has deseado tener un cuerpo distinto? Imagina lo diferente que sería la vida si tu piel fuera de otro color. El propósito de tu karma biológico consiste en establecer tu identidad como miembro de una familia y raza específicas. Estos patrones físicos están codificados en tu configuración genética.

Tus patrones emocionales y mentales se expresan mediante prejuicios heredados, rivalidades nacionales, opiniones políticas, creencias religiosas, etc.

A nivel personal, tu disfraz kármico determinará qué comidas, climas y lugares amarás u odiarás. Tu karma biológico también se expresará en forma de adicciones, alcoholismo u otras conductas compulsivas.

Probablemente conozcas algunos de tus patrones kármicos biológicos. Por ejemplo, tal vez tengas un buen oído musical como tu madre, un buen olfato para los negocios como tu abuelo, el temperamento de tu padre, o el pico de oro de tu tía Betty. ¿Tienes algún talento particular que sea habitual en tu familia?

Si eres mujer, tener el aspecto de tu madre tal vez no tenga ningún sentido kármico, a menos que se parezca a Marilyn Monroe o a alguna otra reina de la belleza. La belleza física es un don kármico y una ventaja. Del mismo modo, ser igual que tu padre puede no significar nada especial, si eres un varón, a no ser, por supuesto, que mida 1,95 metros y tu sueño sea llegar a ser una estrella del fútbol americano.

Los legados, positivos y negativos, pasan de generación en generación. Lo que heredamos se manifiesta a tres niveles. A nivel emocional, tu piloto automático puede tener una combinación de las respuestas emocionales de tus padres. Por ejemplo, cierta vez que me encontraba en un atasco de tráfico, me di cuenta de que me estaba poniendo irritada y de mal humor. Empecé a impacientarme y a punto estaba de tocar el claxon, cuando de repente recordé que podía elegir cómo comportarme. La respuesta emocional de mi piloto automático era enfadarme y frustrarme como mi padre cuando iba en coche, aunque no había viajado con él hacía treinta años.

A nivel físico, puedes sufrir algunas de las dolencias de tus antepasados. Si las enfermedades cardíacas son habituales en tu familia, podrías padecer ese problema a menos que hagas un esfuerzo consciente por comer bien, practicar ejercicio y reducir el estrés en tu vida.

A nivel mental, habrás adquirido la actitud ante la vida de tus padres. Los miembros de tu familia tal vez pertenezcan al mismo partido político. Muchas familias se dedican al mismo negocio, y sus miembros se convierten en carpinteros, fontaneros, mecánicos, abogados, o incluso actores.

También nos adoctrinan en la fe religiosa de nuestros padres, lo cual nos ofrece un código moral que debemos seguir. En el momento en que llegas a adulto, has integrado este código en tu piloto automático como parte de tu ética, con lo cual puedes estar de acuerdo, rebelarte o modificarlo para que se adapte a tu vida.

Asimismo, heredas el estatus social de tu familia. Tu clase económica influye en tu educación, profesión e incluso oportunidades maritales. Las creencias heredadas de tus antepasados también contribuyen a tu éxito, o a su ausencia.

Estos componentes físicos, emocionales y mentales que hemos heredado de nuestra familia forman nuestra base espiritual, y construimos nuestra vida sobre esta base. Cuanto más aceptes lo que has heredado de tu familia, tanto cosas buenas como malas, más éxito tendrás. Si te sientes distanciado de tus raíces, ha llegado el momento de recuperarlas.

Joy descubrió que su traje kármico era un gran don. Parecía que sus antepasados tuvieron vidas longevas. Heredó una cualidad terrenal que incluía el amor por la comida saludable, por la sensualidad de su cuerpo y por los sencillos placeres de la vida. Estas cualidades contribuyeron a que se convirtiera en una excelente profesora de yoga.

Ejercicio para tu traje kármico

Ahora ha llegado el momento de que descubras por qué has elegido tu traje kármico actual. Este ejercicio puede ayudarte a detectar cualidades que has heredado de tu familia, para que saques el máximo partido de lo que tienes. Anota todo lo que sepas sobre tu herencia. Incluye las cualidades positivas, así como los rasgos negativos. Examina más atentamente tu karma biológico contestando a las siguientes preguntas:

- ¿En qué aspectos te sientes en armonía con tu origen?
- ¿En qué sentido te sientes desconectado de él?
- ¿Cuál es el transfondo derivado de formar parte de tu grupo étnico?
- ¿Cómo contribuye tu herencia étnica a tus objetivos?
- ¿Cómo te beneficia tu aspecto físico?
- Si careces de belleza física, ¿cómo te influye eso?
- ¿Qué problemas afrontas al formar parte de tu grupo étnico?
- ¿Qué prejuicios has sufrido a consecuencia de tu etnia?
- ¿Qué miedos a los prejuicios debes eliminar?
- ¿Cómo ha influido en ti el estatus social de tu familia? ¿Cómo ha influido en tu nivel de éxito financiero?

- ¿Qué has aprendido acerca la expresión de amor y afecto que te gustaría eliminar?
- ¿Qué has aprendido sobre la expresión del odio que te gustaría eliminar?
- ¿Cómo ha influido tu madre en tus creencias sobre el sexo? ¿Sobre el dinero? ¿Tu carrera profesional? ¿La religión?
- ¿Cómo ha influido tu padre en tus creencias sobre el sexo? ¿Sobre el dinero? ¿Tu carrera profesional? ¿La religión?
- ¿Cómo ha influido tu hermano/hermana en tus creencias sobre el sexo? ¿Sobre el dinero? ¿Tu carrera? ¿La religión?
- ¿Qué patrones emocionales has heredado que te gustaría cambiar? ¿Y qué te gustaría adoptar?
- ¿Qué patrones sobre la salud has heredado que te gustaría transformar? ¿Y qué te gustaría adoptar?
- ¿Qué patrones sobre el pensamiento has heredado que te gustaría eliminar? ¿Y qué te gustaría adoptar?
- ¿Qué enseñanzas familiares, explícitas o implícitas, te gustaría cuestionar?
- ¿Cómo ha influido en tu vida la religión en que te han educado?

Meditación para tu traje kármico

A continuación ofrezco una meditación para ayudarte a obtener poder de tu herencia kármica. En primer lugar, necesitas recopilar fotografías de tus antepasados. Haz fotocopias para no dañar los originales. Pégalas en una hoja de papel grande o en una página en blanco de tu diario. Pégalas en un árbol genealógico, si lo conoces, o limítate a formar un collage de la forma que te guste. ¿Hay animales, pájaros o símbolos asociados con tu familia? Si es así, añade las fotografías a tu collage. Si tu familia tiene un emblema o escudo de armas, añádelos también. Puedes incluir nombres o palabras especiales.

Tus huellas digitales no cambian a lo largo de tu vida. Representan tu identidad única. Mancha con tinta tus huellas digitales y estámpalas en tu collage. Utiliza todos los colores que te gusten. Esto representa la línea vital que te conecta con tu árbol genealógico.

Ve a tu espacio sagrado. Vas a hacer esta meditación tumbado. Coloca el collage junto a la parte superior de la cabeza. Túmbate boca arriba y cierra los ojos. Tal vez quieras grabar la meditación. Ten disponible también la grabación del ejercicio de relajación (del capítulo 1). Reserva unos treinta minutos para completar esta meditación.

Respira profundamente y fúndete en una sensación de paz. Haz todo el ejercicio de relajación corporal. Deja que tu mente consciente divague, sueñe y flote.

Imagina que es un bonito día de verano. Te encuentras en una tranquila pradera. El sol brilla y los pájaros cantan. Vas por un camino que se adentra en un bosque. Tomas ese sendero porque sabes que te conducirá a una reunión familiar. Caminas hacia lo más profundo del bosque, cada vez más. Hay flores silvestres de todos los colores a los lados del camino. Fíjate en lo que te rodea. ¿Ves pájaros o animales?

Escuchas música, risas y sonidos de alegría a cierta distancia, mientras te aproximas hasta la reunión. Son tu gente. Cuando llegas al grupo, una figura determinada se adelanta para darte la bienvenida. ¿Cuál es su aspecto? ¿Qué lleva puesto? Puede que reconozcas, o no, a este antepasado. Fíjate en cualquier pensamiento, sentimiento o sensación corporal que experimentes.

El antepasado tiene un regalo para ti. Cógelo ahora. ¿Qué es? Confía en tus impresiones. ¿Cómo te sientes dispuesto para utilizarlo?

El antepasado tiene algo para mostrarte. ¿Qué se está revelando?

El antepasado tiene un mensaje para ti. Recíbelo ahora. Deja que fluya en tu mente.

Si tienes alguna pregunta, tómate un momento para hacérsela a tu antepasado. Deja que la respuesta fluya en tu mente.

Da las gracias. Sabes que puedes recurrir al consejo de este antepasado siempre que quieras.

Dedica algún tiempo a explorar cualquier sentimiento, pensamiento o sensación corporal que pueda surgir. ¿Qué cualidades especiales tienen las personas de la reunión?

Cuando estés preparado, di adiós. Ve por el camino a través del bosque, hasta el límite del mismo.

Cuando llegues a la pradera, abre lentamente los ojos y vuelve al momento presente.

Anota cualquier impresión o consejo que hayas recibido. Dibuja cualquier imagen o color que pueda haber estado presente.

Los beneficios de tu familia

Encarnarse en una familia conlleva ciertas ventajas. Por ejemplo, a todos los miembros de la misma les encanta bailar. Mis padres se conocieron en una sala de baile, adonde acudían cada fin de semana para escuchar tocar a bandas y bailar el vals, la rumba, el fox-trot y el cha-cha-chá. Mamá y papá siempre veían películas musicales en televisión, y ponían muchos discos en el equipo de música. Había música y baile en todas las fiestas de vacaciones, y yo bailaba el jitterbug, el two-step y el twist.

Crecer en ese entorno me ayudó a expresarme libremente. Me encanta bailar. Nunca he sido tímida en lo relativo a expresarme mediante el movimiento, y he dado clases de danza del vientre, he actuado y he trabajado con una compañía de baile moderno. El baile ha sido el núcleo de mi vida. Me ha sido útil física, emocional, mental y espiritualmente. Ha aportado a mi comunidad de estudiantes, a mi público, y a mí misma, mucha alegría y satisfacción.

Ejercicio sobre las ventajas de la familia

En una página en blanco de tu diario escribe el título «Cualidades positivas». Tómate un momento para reflexionar sobre los beneficios que has recibido de tu familia. Haz una lista de cinco por lo menos. Después responde a las siguientes preguntas:

- ¿Qué cualidades has desarrollado aprovechando esas ventajas?
- ¿Qué talentos naturales ha favorecido tu entorno familiar?
- ¿Cómo te han ayudado a desarrollarte esos rasgos positivos?
- ¿Cómo te ayudan a conseguir tus objetivos?
- Da las gracias al espíritu por estas bendiciones.

Trajes kármicos y vidas pasadas

Examinar vidas pasadas puede ayudarte a entender por qué has elegido tu traje kármico actual y a sanar los problemas no resueltos relacionados con él, como en el caso de mi cliente, Aimee.

Como poetisa y mujer muy sensible, Aimee siempre sintió que rechazaba la herencia de su padre. Su familia emigró desde Escocia en el siglo XVIII y vivió en Nueva Inglaterra. Los parientes por parte de su padre eran puritanos, emocionalmente reservados y no muy expresivos. Aimee era tan distinta que se sentía como una extraña. Era difícil para ella relacionarse con los miembros de su propia familia. Acudió a mi consulta porque creía que una regresión a vidas pasadas podría ayudarla a entender por qué nunca parecía encajar.

Aimee estaba deseosa de descubrir algunas respuestas, y cayó fácilmente en un profundo estado de relajación. Cuando entró en trance, vio unas grandes manos que salían de un abrigo de cuero. Sabía que era un hombre llamado Charles y que vivía en Massachusetts.

—Tengo un viejo mosquete en una mano y un conejo muerto en la otra. Hay una modesta casa de madera en medio de la nieve. Una mujer está metiendo leña. Es mi esposa. Sin embargo, no siento nada por ella –dijo.

Pedí a Aimee que recordara algún incidente importante de esa vida.

—Veo un plato de comida con conejo estofado puesto sobre la mesa. Mi esposa está sentada a mi lado. Es como una extraña. Es tan callada. No hay nada que decir –añadió.

Aimee tuvo una profunda sensación de tristeza y desesperación, y empezó a llorar. Liberó la pena y los recuerdos dolorosos que sentía incrustados en su garganta imaginando globos que volaban hacia el cielo. Cuando Aimee salió del trance, se sintió más ligera:

—Vaya, ¿quién era yo? ¿Cómo pude vivir como Charles? Era como una prisión.

Fue una revelación para Aimee descubrir una vida pasada como alguien totalmente opuesto a quien es ella ahora. Le encanta su vida actual, ofreciendo actuaciones multimedia y expresando sus sentimientos por medio de la poesía. Tiene relación con músicos y otras personas creativas, y ha disfrutado de muchas relaciones amorosas apasionadas.

Al darse cuenta de que está viviendo un equilibrador de la balanza, Aimee vio que no podía aceptar los rasgos de los miembros de la familia de su padre porque le recordaban al vacío de su vida anterior como Charles. Le recomendé que tomara una esencia floral de guisante dulce para ayudarse a reclamar sus raíces y reafirmar su herencia.

Aimee me llamó unos meses después para decirme que se había producido un cambio importante en la relación con sus parientes. Ya no les critica por ser reservados, sino que les acepta y les quiere como son. Además, se dio cuenta de que había heredado las cualidades positivas de ser trabajadora y de confiar en sí misma. Estas cualidades la ayudaron a obtener éxito en su carrera. Aimee ya no se siente una extraña y está orgullosa de formar parte de su familia.

Mnemósine: meditación para recordar

Los griegos antiguos adoraban a una diosa de los recuerdos llamada Mnemósine. Ella inspiró la siguiente meditación, que te ayudará a recordar el propósito de tu alma al elegir a tu familia actual. También examinarás los vínculos kármicos entre los miembros de tu familia y descubrirás por qué has venido a la Tierra en esta época.

Tal vez quieras grabar la meditación de forma que puedas practicarla y dominarla. Habla lenta y suavemente, y detente después de cada frase. Reserva unos cuarenta y cinco minutos para toda la meditación.

Ve al espacio sagrado que has creado. Si es de noche, atenúa las luces. Si es de día, baja las persianas. Enciende una vela o quema un poco de incienso para invocar una atmósfera tranquila. Pon algo de música suave para que el ambiente sea tranquilo. Tal vez quieras tomar cuatro gotas de esencia floral Desert Alchemy.

Antes de comenzar la meditación, asegúrate de que estarás cómodo. Estírate en una posición cómoda sobre un sofá, en el suelo o en una cama. Es conveniente reforzar la parte inferior de la espalda colocando una almohada bajo las rodillas, mientras estás tumbado boca arriba. Asegúrate de tener suficiente calor en tu entorno. Tu temperatura corporal descenderá cuando entres en la meditación, y hay cierta tendencia a enfriarse. Tápate con un chal o una manta. Pon en marcha la grabadora.

Cierra los ojos y respira profundamente. Siente que tu aliento se mueve por tu cuerpo como una suave oleada. Cuando inspires, inspira paz. Espira y libera toda la tensión. Inspira, respira relajándote. Espira, déjate ir un poco más. Sigue respirando profundamente durante un minuto o dos.

Deja que tus pensamientos floten como nubes en un cielo azul. Tienes una sensación de ligereza, de paz, de unidad. Disfruta de esta deliciosa sensación de relajación. Visualiza que estás recubierto de un halo protector de luz blanca.

Imagínate en un patio de juego, un bonito día de verano. El sol brilla, calienta tu piel. Tienes sed y vas a una fuente de donde cae un chorro fresco de agua limpia. Te detienes para tomar un trago. El agua sabe dulce y refrescante. Con cada sorbo te sientes más feliz y ligero. El cansancio del mundo va desapareciendo con cada sorbo, y te notas lleno de una sensación de alegría. Todos tus problemas desaparecen.

Con inocencia y asombro, dedicas algo de tiempo a deleitarte en el gimnasio que está instalado para tu disfrute. Permites que tu niño interno tome el mando.

Olvidas el hecho de ser tan serio, ya que es mucho más divertido ser alegre. Hay columpios, un cajón de arena y un tobogán en forma de túnel. No te importa parecer un tonto. Estás repleto de curiosidad por probar todos los columpios.

Te tomas tu tiempo para deleitarte con las maravillosas sensaciones que cada columpio te puede ofrecer. Primero subes muy alto, disfrutando del ritmo de ir hacia delante y hacia atrás, una y otra vez. Te columpias hasta las nubes... sintiéndote libre y ligero.

Después de un rato te detienes y te diriges al cajón de arena. Te sientas en la arena caliente y hundes los dedos en los granos sedosos. Sientes que entierras partes de tu cuerpo.

Después corres con entusiasmo hacia el tobogán en forma de túnel y empiezas a subir por la escalerilla. Sientes en tu pie el primer peldaño mientras subes, ascendiendo cada vez más. Cuando te sujetas a la barandilla con las dos manos, parece mucho más alto de lo que pensabas. Subes aún más, sintiendo cómo ambos pies ascienden cada vez más alto, hasta que llegas a la parte superior.

Te sientes elevado en el aire, pero muy seguro al agarrarte a la barandilla con las dos manos. Los pies están plantados firmemente en la plataforma y te sientas con cuidado. Miras hacia abajo, hacia el túnel, la oscuridad, y te preparas para tirarte. Pones tu cuerpo en la posición adecuada.

Cuando estás preparado, te das impulso y te dejas caer con los pies por delante. Deslizándote cada vez más rápido, coges velocidad y aceleras cada vez más. En la oscuridad, el túnel parece medir kilómetros, mientras vas bajando.

Al final ves una luz que brilla cada vez más... Empiezas a bajar y llegas al final del túnel. Con los pies por delante, sales afuera.

Te encuentras en un lugar precioso, con árboles, flores y una pequeña extensión de agua delante de ti.

Entonces, se te acerca una amable mujer con el pelo largo y un vestido blanco. Su sonrisa te hace sentir bienvenido, y una sensación de paz llena todo tu ser. Sostiene un cáliz de oro en la mano derecha. Lo extiende hacia ti y te invita a beber. Aceptas y llevas la copa a los labios. Mientras el líquido rojo del interior de la copa toca tu lengua, saboreas el dulce néctar. Te sientes lleno de una sensación de felicidad, como si fuera una poción hecha para los dioses. La mujer te coge por el brazo y te lleva hacia la corriente de agua.

El agua es tan tranquila y clara como un espejo. Miras el agua y recuerdas...

¿Por qué has llegado a la Tierra en esta época? Deja que el agua refleje la conciencia de tu alma. Deja que las respuestas broten del agua y fluyan en tu mente. Confía en tus impresiones.

¿Por qué has elegido tu familia? ¿A quién de tu familia has conocido antes? Contempla el charco cristalino.

Abre tu corazón a la evocación. Recuerda tu relación anterior con el miembro de tu familia que conociste antes. Recuérdalo de forma que sea fácil y cómodo. Deja que las imágenes y los pensamientos lleguen a tu conciencia.

¿Qué sensaciones corporales tienes? ¿Sientes algún dolor? Localiza el dolor o las sensaciones en tu cuerpo. Asígnale una imagen. ¿Qué tamaño tiene? ¿Cuánto pesa? ¿De qué tipo de material está hecho? ¿De qué color es? ¿Cómo quieres librarte de él?

Libérate ahora de la sensación de dolor en la luz blanca del amor universal.

El agua parece tan fresca y tentadora que entras en ella. Se siente tan refrescante que te tumbas y flotas. La suave corriente te lleva, ligero y libre. Lava el pasado, limpia cada parte de tu ser. Ligero, libre y sin peso.

Vas a recordar todo lo que has experimentado.

El agua te lleva hasta la orilla. Al salir, te sientes fresco y lleno de energía, y delante ves el patio de juego. Caminas hacia él, sintiéndote bien.

Camina hacia la fuente de agua y bebe. Con cada trago empiezas a recordar tu vida actual.

Siente tu cuerpo, el espacio a tu alrededor.

Cuenta de uno a cinco. Al llegar a cinco te sentirás totalmente despierto, fresco y a gusto.

Uno, dos, tres, cuatro, cinco... abre los ojos y vuelve al presente.

Tómate todo el tiempo que necesites para anotar las impresiones, los sentimientos, las palabras de consejo o las sensaciones corporales que has experimentado. Después contesta a las siguientes preguntas:

- ¿Por qué has venido a la Tierra en esta época?
- ¿Por qué has elegido a tu familia actual?
- ¿A quién de tu familia has conocido antes?
- Si has experimentado dolor o sensaciones corporales, ¿qué forma tomaron?

Afirmaciones para tu traje kármico

Elige una de las siguientes afirmaciones, o inventa la tuya propia, para reforzar la sanación de tu traje kármico:

- Estoy orgulloso de formar parte de mi familia.
- Mi familia me quiere y me aprecia.
- Soy querido y amado.
- Recibo todo el amor y apoyo que necesito.
- Amo y acepto a todos los miembros de mi familia.
- Soy sincero conmigo mismo.

Esencias florales para el traje kármico

Prueba a trabajar con una de las siguientes esencias florales para ayudar a librarte de los patrones negativos de tu traje kármico:

- **Violeta:** elimina las sensaciones de ser un extraño.
- **Guisante dulce:** elimina la sensación de no pertenecer a tu familia.
- **Sauce:** elimina el hábito de culpar a otras personas por las situaciones adversas.
- **Centaura menor:** elimina la necesidad de ser complaciente.
- **Olmo:** cura al niño interior de quienes han asumido desde pequeños la responsabilidad de una familia disfuncional.
- **Milenrama rosa:** elimina el exceso de sensibilidad en las situaciones familiares.

Si te sientes bloqueado, toma una esencia floral para caracteres heredados, como por ejemplo la de Desert Alchemy (www.desertalchemy.com), para reconocer e integrar los patrones heredados de tu familia.

Recursos complementarios

Para tener más formas de conseguir poder de tu traje kármico, considera una o varias de las siguientes posibilidades:

- Estudia genealogía e investiga tu árbol genealógico.
- Estudia heráldica e investiga el escudo de armas de tu familia, los emblemas, tótemes y otros distintivos.
- Investiga el apellido de tu familia.
- Cocina recetas familiares tradicionales.
- Deja que te lean la mano.
- Estudia fonología para determinar los patrones energéticos de tu nombre.

Velos kármicos

Tu karma puede incluir a miembros de tu familia que te son desconocidos. Tal vez seas adoptado. O bien tus padres se divorciaron, murieron o te abandonaron. Esta clase de circunstancias difíciles te obligan a desarrollarte de una forma especial. Cuando estamos pasando por ellas, cuesta mucho imaginar que tengan algún aspecto positivo.

A este tipo de situación kármica, con su potencial oculto para el crecimiento, lo llamo *velo kármico*. No conlleva ninguna cantidad de poder aceptar el hecho de que seas la fuente de tu experiencia y que atraes las lecciones que debes aprender. En este modelo no hay ninguna culpa, solo aceptación de la responsabilidad.

Durante un seminario, pedí a los participantes que anotaran los nombres de los miembros de sus familias como parte de un ejercicio para el traje kármico. María, un ama de casa madura, levantó la mano.

Compartió su historia con el grupo, con odio y acritud en su voz:

—No tengo padre. Se fue antes de que yo naciera.

Le pregunté dónde había nacido.

—Calabria, en el sur de Italia –respondió.

Al creer que Calabria es uno de los lugares más bonitos del mundo, con sus montañas escarpadas y sus ruinas antiguas que se elevan sobre las aguas cristalinas del mar Mediterráneo, dije:

—«¡Oh, qué bonito!

Ella no estuvo de acuerdo.

—No, fue horrible –dijo.

Cuando le pedí que mirase debajo de su velo kármico para descubrir la lección espiritual, dijo:

—No había ninguna.

La induje con dulzura a que siguiera examinando. Un momento después, su pecho jadeó y las lágrimas bañaron su rostro. Se cubrió con las manos y empezó a llorar.

—Fue tan duro; éramos tan pobres –murmuró.

Después de liberar la pena que había acarreado todos esos años, pudo reconocer y aceptar su velo kármico. Al mirar hacia atrás, vio que su lección kármica era aprender independencia y autoconfianza. Había cumplido su sueño de emigrar a Estados Unidos y tener una vida buena y cómoda. Había necesitado mucha fuerza y determinación para conseguirlo.

Sus ojos volvieron a llenarse de lágrimas mientras soltaba un suspiro de alivio, y su rostro se suavizó al verse libre de su amargura y experimentar un sentimiento de paz. En ese momento pareció diez años más joven.

El velo kármico de María estaba sin duda relacionado con su vida actual, pero también pudo haber sido una lección vital procedente de una o incluso varias vidas pasadas. No le hizo falta explorar la vida pasada que quizá estaba compensando. ¡Aprendió la lección! Y eso es lo que importa.

Velos kármicos con familiares vivos

Los velos kármicos también pueden aparecer en forma de ruptura de una relación con un progenitor, como en el caso de Elise, de cincuenta y tantos años y madre de tres hijos ya mayores.

Elise acudió a mí para consultarme porque tenía dificultades para tratar con su madre. Ésta tenía más de ochenta años, un ojo ciego y era diabética. Durante los cuatro últimos años, su madre había vivido en su propio apartamento, en una comunidad residencial para la tercera edad.

Estar con su madre era muy doloroso para Elise, ya que parecía que no había nada que Elise pudiera hacer que le gustara. Cuando Elise llegaba al apartamento de su madre, los típicos comentarios de bienvenida eran: «Has ganado peso. Qué vestido tan horrible llevas. Tu pelo está fatal».

Entre tantos comentarios desagradables permanecían sentadas en un tenso silencio. Elise temía cada visita que le hacía, pero se sentía obligada a ir. Consideraba la idea de no volver a visitar nunca más a su madre.

Intuitivamente sentí que Elise estaba dolida por algún acontecimiento pasado, por lo que le pedí que examinase su interior y que describiera qué sentimientos guardaba hacia su madre. Se sorprendió al descubrir que albergaba resentimiento de cuando era una adolescente. Escuché pacientemente mientras contaba su historia.

—Durante la enseñanza secundaria me educaron para ir a la universidad. Mi sueño era convertirme en profesora. Pero, cuando me gradué, mi madre dijo que no había dinero, así que no pude asistir. Pensando que no tenía alternativa, me fugué con un hombre a quien mi madre no aprobaba. Desde entonces nuestra relación se deterioró. Empezó a criticarme y a llamarme estúpida. La situación ha sido así durante los últimos treinta y cinco años –dijo.

Apliqué los principios de sanación kármica de la responsabilidad, el reconocimiento, la razón y el perdón, y pregunté:

—Tus hijos han crecido y se han casado. ¿Quieres volver a estudiar?

Ella dijo:

—No, no de verdad. Pero me he preocupado de que todos mis hijos tengan estudios universitarios.

En ese momento, Elise vio que había elegido el camino kármico de ser madre. Se dio cuenta de que podía haber ingresado en la universidad, pero decidió no hacerlo. Ahora asumía la responsabilidad de sus actos.

Después le pregunté a Elise si podía liberar el odio que había estado reteniendo desde que tenía dieciocho años. Con muchas ganas, visualizó su odio, que era como una roca en su estómago. A continuación, imaginó que explotaba y que se convertía en miles de trocitos.

Pregunté a Elise:

—Si la gente está en tu vida por algún motivo, ¿cómo puede ayudarte a crecer la relación con tu madre?

—Nunca soy desagradable con mis hijos. Ser negativo es como escupir veneno –contestó Elise.

Le pregunté si podía perdonar a su madre. Dijo:

—Oh, sí; incluso tenía razón en cuanto a mi esposo.

Se echó a reír y se sintió más ligera y libre. Antes de salir de mi consulta, Elise prometió que visitaría a su madre el domingo.

Elise me llamó el lunes para decirme lo que había ocurrido.

—El domingo, mientras iba en coche para visitar a mi madre, sentí miedo y cierta resistencia. Pero sabía que todo estaba en las manos de Dios. Cuando llegué, lo primero que me dijo mi madre fue: «Llevas el broche de la abuela. Es tan bonito». Después sacó su caja de joyas y me regaló cuatro bonitos broches. No puedo recordar la última vez que me dio algo. Después fuimos de compras y pasamos una tarde excelente juntas. No hubo ninguna palabra desagradable. Nos abrazamos e hicimos planes para pasar juntas las vacaciones. Mientras conducía el coche, lloré de felicidad durante todo el camino a casa.

Cuando Elise liberó su rencor procedente del pasado y dejó de culpar a su madre por sus propias decisiones kármicas, ésta pudo relacionarse mejor. Cuando hacemos nuestro trabajo interno, las personas que hay en nuestra vida responden como si también hubieran asistido a un taller de autosuperación. Cuando somos magnánimos, generamos el espacio para que otros también lo sean.

Ejercicio de sanación de velos kármicos

Si fuiste adoptado, sufriste abusos o fuiste víctima de un incesto, someterte a terapia es la mejor forma de tratar tu rencor, dolor y sentimiento de abandono. Si has completado una terapia, este ejercicio puede ayudarte a sanar a nivel espiritual.

Responde las siguientes preguntas en tu diario para ayudarte a ver cómo creciste y te desarrollaste después de experimentar un velo kármico:

- ¿Viviste alguna situación de velo kármico en tu nacimiento o poco después?
- Si te faltó algún progenitor, ¿cómo te influyó esto? ¿Cuáles fueron tus problemas? ¿Cómo saliste de la situación? ¿Cómo te ayudó a crecer espiritualmente la experiencia?
- ¿Qué lección escondía el velo kármico?
- ¿Ocurrió alguna situación de velo kármico en una fase posterior de tu vida?
- ¿Cómo te obligó a crecer?
- ¿Qué aprendiste de él?
- ¿Puedes librarte de él ahora?
- ¿Puedes aplicar los principios de sanación kármica de responsabilidad, reconocimiento, razón y perdón a esta experiencia?

Aferrarte al resentimiento y la amargura te impedirá vivir plenamente el presente. Es difícil afrontar las emociones dolorosas del pasado, pero, una vez que te liberas de ellas, abres una puerta para que entre más felicidad y satisfacción. Podrás sentir más amor por ti mismo, y al hacerlo podrás recibir más amor de otras personas.

Meditación para sanar velos kármicos

Cuando hayas perdonado a los padres que te abandonaron o que te hicieron daño, quedarás libre de esas cadenas kármicas. Esta visualización puede ayudarte a perdonar y olvidar.

Ve a tu espacio sagrado. Relájate en una posición cómoda y cierra los ojos. Respira profundamente y déjate invadir por una sensación de paz.

Imagina que te estás relajando en tu playa favorita, un bonito día de verano. Una suave brisa acaricia tu piel. La arena está caliente y placentera bajo tus pies desnudos. Pasas un rato cavando un hoyo en la arena, a la orilla del mar. La marea avanza lentamente.

Ahora imagina al progenitor que te abandonó o te hizo daño. Siente el dolor o el odio mientras surge en tu conciencia.

Visualiza cómo la pena sale de ti y acude al hoyo que has cavado. Deja ir todo dolor. Deja ir cualquier sensación de tu cuerpo relacionada con el daño. Sigue enviando esas sensaciones al hoyo. Deja ir cualquier sensación relacionada con que no te quisieron. Deja ir la soledad. Envía esos sentimientos al hoyo.

Cuando te has liberado de todo, ves cómo llega la marea y llena el hoyo. Tu dolor se disuelve totalmente en el agua.

Di en voz alta con toda sinceridad: «Te perdono».

Cuando estés listo, corre hacia el agua. Siente cómo la energía curativa del mar te limpia. Juega en el agua todo lo que quieras. Una vez estés listo, vuelve a la playa.

Te sientes fresco, renovado, más ligero físicamente.

Cuando estés listo, abre lentamente los ojos y vuelve a la habitación.

Anota en tu diario cualquier cosa que hayas experimentado.

Afirmaciones para tu velo kármico

Elige una de las siguientes afirmaciones, o inventala tú mismo, para ayudarte a curar tu velo kármico.

- Perdono a mi padre.
- Perdono a mi madre.
- Soy querido y amado.
- Me perdono por todas las veces que he abandonado a alguna persona.
- Me doy permiso para estar totalmente satisfecho.
- Me libero de todo mi sufrimiento y dejo que penetre la luz de la gracia curativa.

Esencias florales para el velo kármico

Entre las esencias florales para ayudar a curar problemas de abandono se incluyen las siguientes:

- **Nemophila:** elimina la sensación de rechazo o abandono por parte del padre.
- **Onagra:** elimina la sensación de rechazo o abandono por parte de la madre.
- **Calochortus:** elimina la sensación de abandono debida a la falta de vínculos con la madre y aumenta la receptividad a los cuidados emocionales.
- **Acebo:** elimina la sensación de no ser amado.
- **Castaño dulce:** elimina la sensación de haber sido abandonado por Dios.

Resumen

Hasta ahora habrás experimentado una sensación renovada de orgullo y gratitud hacia tu familia. Puesto que tienes información vital sobre por qué has elegido a tu familia actual, tus relaciones pueden adoptar un sentido más profundo. Has descubierto cómo tus dificultades han moldeado tu carácter y te han aportado las joyas de la sabiduría. Has aprendido a acceder al poder de tus antepasados y fortalecido los fundamentos.

Con la ayuda de esencias florales y afirmaciones, tienes una mayor sensación de pertenencia, amor y paz interior.

En el capítulo siguientes examinaremos los vínculos kármicos entre las relaciones familiares y cómo transformarlos.

Capítulo 6

Sanando las relaciones familiares

En el último capítulo has aprendido que tu karma biológico establece las bases de tu vida. Tus relaciones familiares proporcionan tus primeras lecciones espirituales, porque te ofrecen la oportunidad de experimentar las consecuencias de tus acciones pasadas y de transcenderlas.

En este capítulo examinaremos el papel que los miembros de la familia desempeñan en tu vida. Verás cómo las relaciones fáciles y amorosas afirman tus mejores cualidades, mientras que las relaciones difíciles pueden motivarte a crecer. Los ejercicios te ayudarán a aprender cómo aportar armonía a las relaciones mal avenidas. También aprenderás a recuperar y rejuvenecer tu energía, si estás afrontando una relación difícil.

Psicodrama cósmico

Cuando una persona hace daño a otra, suele deberse a la ignorancia o a alguna forma de condicionamiento cultural negativo. Quien hace daño tal vez no tenga ninguna conciencia del dolor o el sufrimiento de la otra persona. Sin embargo, no se puede escapar a la ley del karma: recibimos lo que damos. Quizás descubramos en una regresión a vidas pasadas que la raíz de una relación problemática actual tiene su origen en una época en que éramos unos irresponsables, y por eso hicimos daño a alguien. Al intercambiar los papeles en nuestra vida actual, experimentamos el dolor que antes hemos infligido.

Adriana hizo una serie de regresiones a vidas pasadas. Quería tener información sobre su familia, el aspecto más importante de su vida. En la primera regresión se vio a sí misma como un hombre polaco que sucumbía a los encantos de una bailarina gitana y abandonaba a su familia para estar con la mujer. Su esposa no tenía medios para vivir y se vio obligada a dar su hijo en adopción. Con el corazón roto y abandonada, la esposa murió de neumonía un año después.

En otra regresión, Adriana era una campesina francesa. Su marido había muerto en un accidente naval, dejándola desconsolada por el dolor y sola para criar a su hijo.

En una tercera regresión, se vio a sí misma como Paolo, un joven italiano. El padre de Paolo fue seducido por la costurera del barrio y abandonó a la familia para convertirse en el amante de la mujer. Paolo quedó destrozado. Adriana completó su círculo kármico experimentando un abandono cuando era niña.

Después de esa vida, su experiencia estaba completa. Al intercambiar los papeles entre distintas vidas, Adriana había equilibrado el karma resultante del abandono inicial de su mujer y su hijo. En su vida actual, su matrimonio de veintiocho años había tenido como consecuencia dos hijos sanos, y aún está apasionadamente enamorada de su querido esposo.

El karma cumple una función en las relaciones. Nuestra alma elige una familia que colaborará con nosotros para equilibrar nuestro karma y aprender las lecciones. Nos sentimos atraídos por personas con las que nos hemos relacionado en vidas anteriores. Entre estos vínculos puede estar la deuda, o simplemente pueden basarse en el amor. En cualquier caso, estas relaciones nos aseguran que todos podemos beneficiarnos ofreciéndonos la oportunidad de crecer en algún sentido.

Relaciones familiares kármicas

Podemos compartir historias de vidas pasadas con nuestros padres, hermanos u otros miembros de la familia. Los papeles pueden ser muy distintos en diversas vidas. Por ejemplo, nuestra madre puede haber sido nuestra hija en una vida anterior. Nuestro hermano puede haber sido nuestro tío, o nuestra hermana puede haber sido nuestra maestra. A veces no compartimos la historia de una vida anterior con los miembros de nuestra familia. Sin embargo, nos sentimos atraídos por personas que se comportan como nosotros lo hicimos en otra vida. Nos sentimos atraídos por esas personas debido a la ley de la atracción: lo semejante atrae a lo semejante.

A continuación, incluyo una breve descripción de las relaciones kármicas presentes en las situaciones familiares:

- **Catalizadores kármicos:** relaciones que presentan lecciones dolorosas que te fuerzan a crecer. Es como estar en un centro de instrucción militar: te entrenas para ser más fuerte.
- **Tutores kármicos:** relaciones especialmente estrechas que te ayudan a pasar una crisis y/o afirmar tus atributos positivos.
- **Antimodelos kármicos:** personas que ilustran una cualidad negativa de ti, que te impulsan a crecer en el camino opuesto.
- **Choques kármicos:** interacciones con personas que tienen creencias muy distintas de las tuyas y expanden tu cosmovisión.

Catalizadores kármicos

Un catalizador kármico es una relación difícil que te obliga a hacer grandes sacrificios o te inflinge algún tipo de daño. Las dificultades que conlleva te impulsan a ser fuerte y resistente. Kirsten es el catalizador kármico de Toby.

Cada vez que Toby visitaba mi consulta, rompía a llorar en cuanto se sentaba. Cuando su hija, Kirsten, no aprobó el primer grado, los maestros sugirieron que la evaluara un psicólogo. Kirsten fue diagnosticada de una discapacidad del aprendizaje. Toby se estaba divorciando en el momento del diagnóstico.

Siendo ahora una madre soltera, Toby se ha mudado a una pequeña ciudad de forma que Kirsten acuda a una escuela que se acomode a sus necesidades especiales. Kirsten no es como los otros niños. Tiene un problema de comunicación, por lo que no siempre puede decir lo que piensa. Puede haber treinta y dos grados en el coche, pero en lugar de decir: «pon el aire acondicionado», Kirsten puede decir: «enciende la calefacción». No puede distinguir el desayuno de la cena ni el martes del sábado. No puede captar el concepto «volveré en cinco minutos».

Aunque Kirsten parece normal, con su pelo rubio y sus bonitos ojos azules, tiene una mala coordinación motora. No puede hacer lo que hacen los chicos normales, como montar en bicicleta o en patines. Los otros niños consideran difícil relacionarse con ella, no entienden por qué Kirsten mezcla las palabras o no puede devolver el balón en un sencillo juego de toma y daca, por lo que no la invitan a fiestas de cumpleaños ni a quedarse a dormir.

Cuando le pregunté a Toby cómo la discapacidad de Kirsten influía en su propia vida, lloró.

—Es duro. He tenido que dejar mi vida en suspenso para criarla. Querría ser una madre normal. Siempre me siento extraña. Algunas madres hablan sobre dar a sus hijas ropas de *cheerleader*. Otras alardean de que su hijo está en un equipo científico. Me emocioné cuando Kirsten finalmente aprendió a escribir su nombre en tercer curso –dijo.

Cuando Toby entró en el trance de una regresión, sintió que sus pies tenían profundos agujeros o huecos, como si no tuviera dedos. Le pregunté si ella estaba lisiada.

—No, no me siento como una lisiada –contestó.

Toby empezó a sollozar mientras liberaba la energía negativa de su aura imaginando sus pies llenos de luz. Le pedí que escuchara a su guía interior para que le diese un mensaje.

—Kirsten no se considera discapacitada. Quiere que la vea independientemente de su problema –exclamó Toby.

Al final de la sesión, le pregunté cómo el hecho de tener a Kirsten como hija le había hecho crecer.

—Es muy fácil descalificar a alguien por no ser como todo el mundo. Veo lo importante que es validar a las personas, aunque sean distintas. Todos podemos contribuir en algo. Todas las voces importan –me dijo.

Lecciones sobre catalizadores kármicos

Otro tipo de catalizador kármico puede llevar tu psique en un viaje de un solo sentido hacia el infierno. Con este tipo, pasarás una buena parte de tu tiempo llorando o maldiciendo mientras se te pone a prueba para ver si lo superas o fracasas. Eddy era el catalizador kármico de Maureen.

Maureen ya no podía más en lo relativo a su hijo mayor, Eddy. Eddy se metió en drogas, perdió su trabajo y estaba cayendo en picado. Era adicto a la oxicodona, pero rechazó ingresar en un centro de rehabilitación. De hecho, no aceptaba ningún tipo de ayuda porque no admitía que tenía un problema. A Maureen le costaba dormir de noche, porque estaba llena de preocupaciones. Llegaba al trabajo sintiéndose cansada, estresada y angustiada. Al reconocer que necesitaba ayuda en la relación con su hijo, comenzó una serie de sesiones curativas conmigo.

Cuando le señalé que Eddy tomaba sus propias decisiones, Maureen dejó de echarse la culpa por ser una mala madre. Cuando se dio cuenta de que Eddy estaba eligiendo su drama particular para su propio crecimiento espiritual, comenzó a curarse. En el transcurso de varios meses, llegó a asumir que Eddy podría no enderezarse. Evidentemente, eso dependía de él. La prueba final de Maureen llegó cuando Eddy murió de sobredosis antes de cumplir los veintinueve.

Además de recibir muchas sesiones curativas para ayudarle a superar la pérdida, Maureen tomó una esencia floral de borraja para elevar su espíritu y darse el valor con el fin de afrontar el futuro.

Cuando Maureen examinó las lecciones espirituales presentadas en su relación con Eddy, se dio cuenta de que no había pensado que tenía fortaleza para resistir su muerte. Pero, al sobrevivir, descubrió un núcleo de fuerza espiritual que no sabía que tenía.

Ejercicio catalizador del karma

Si has tenido una relación catalizadora con el karma, responder las siguientes preguntas puede ayudarte a rejuvenecer:

- ¿Estás relacionado con una persona que es un catalizador kármico?
- ¿Cuál es la dificultad? ¿Cómo estás triunfando en la situación? ¿Cómo te obliga a crecer la experiencia? ¿Cómo te está ayudando la experiencia a desarrollarte espiritualmente?
- ¿Qué lecciones ocultas estás aprendiendo?

Cuando hayas olvidado el catalizador kármico y te hayas perdonado a ti mismo, te encontrarás libre de esos vínculos kármicos.

Rituales de renacimiento

Muchas personas que han tenido experiencias con un catalizador kármico viven una transformación psicológica. Pasan por la noche oscura del alma para experimentar un renacimiento. A continuación, incluyo tres rituales de renacimiento para recuperar tu energía y rejuvenecerte.

Es mejor realizar los rituales en una noche de luna nueva, antes de acostarte. Necesitarás unos veinte minutos para el baño, quince para la pose reconstituyente de yoga y cinco para la visualización del tarot.

Baño ritual

Reúne los siguientes artículos:

- Un despertador.
- Velas: azul para curar, blanca para purificarte y rosa para amar.
- Incienso (tu perfume favorito.
- Música de meditación.
- Una taza de sales Epsom, sal marina y bicarbonato sódico, todo mezclado.
- Aceite esencial: rosa, sándalo o lavanda.
- Una esencia floral de la lista que aparece más adelante.
- Un albornoz blanco (opcional).

Ahora estás listo para purificarte en tu baño ritual:

- Crea una atmósfera tranquila en tu cuarto de baño encendiendo velas, quemando incienso y poniendo música relajante.
- Llena la bañera con agua caliente. Añade las sales y el bicarbonato sódico, cuatro gotas de aceite esencial y cuatro de esencia floral. (Las mujeres embarazadas deben evitar el uso de aceites esenciales y el agua caliente).
- Cuando la bañera esté llena, tal vez quieras entrar en tu espacio sagrado vistiendo un albornoz blanco.
- Programa tu alarma para dentro de veinte minutos.
- Cuando entres en el baño, piensa que el agua cura, purifica y restaura tu espíritu.
- Permítete relajarte.
- Tal vez quieras imaginar una mariposa que nace de un capullo. Imagina sus alas de colores saliendo de su refugio. Visualiza cómo la mariposa levanta el vuelo. Obsérvala ascendiendo en el cielo, ligera y libre.
- Cuando suene la alarma, imagina que estás renaciendo mientras sales del agua salada, el fluido amniótico de la madre Tierra. Igual que la mariposa renació saliendo del capullo, tú has renacido.

Pose reconstituyente de yoga
Necesitarás los siguientes artículos:

- Una alarma.
- Una almohadilla para los ojos.
- Dos mantas.

Prepárate para relajarte en la postura de yoga llamada Viparita Karni, o piernas sobre la pared:

- Reserva un espacio en una habitación donde puedas tumbarte cómodamente boca arriba, con las piernas en alto y sujetas por la pared.
- Programa la alarma para dentro de quince minutos.

- Túmbate sobre la espalda y coloca una manta doblada bajo el sacro. Arrímate a la pared, con la parte inferior del trasero contra ella y las piernas estiradas en la pared.
- Relaja las piernas contra la pared.
- Si quieres, tápate con la segunda manta para que estés cómodamente caliente.
- Coloca la almohadilla sobre los ojos.
- Sitúa los brazos a los lados, con las palmas de las manos hacia arriba.
- Cuando espires, siente que la barriga se afloja.
- Cuando inspires, imagina que te estás fundiendo en el suelo.
- Siente todo tu cuerpo relajarse y fundirse en la tierra.
- Permítete descansar profundamente hasta escuchar la alarma.

Visualización de renacimiento con el tarot

Necesitarás tus cartas de tarot Los Arcanos. Saca la carta etiquetada como la Fuerza. Siéntate erguido en una silla, con la columna recta, y coloca la carta en una mesa frente a ti. Concéntrate en la carta. Capta toda la imagen: los colores, la figura, el león y las rosas. Acoge todo el poder de esta carta: la fuerza, la fortaleza. Permanece cinco minutos en sintonía con la carta. Puedes repetir esta meditación hasta que realmente sientas la energía de la carta. Tal vez quieras pegarla en el espejo o dormir con ella bajo la almohada.

Antes de ir a dormir, piensa un deseo que quieres que ocurra. Anótalo. Duerme con un cristal de cuarzo rosa bajo la almohada o colócalo en la mesilla de noche. Deberías despertarte con una sensación de bienestar.

Esencias florales para catalizadores kármicos

Las siguientes esencias florales pueden ayudar a curar catalizadores kármicos:

- **Roble:** proporciona resistencia durante los largos esfuerzos.
- **Álamo temblón:** te ayuda a afrontar con valor lo desconocido.

- **Penstemon:** te ayuda a afrontar la oscuridad y a convertirte en un guerrero espiritual.
- **Nemophila:** fomenta la fe en un destino espiritual, a pesar de las experiencias difíciles.
- **Genciana:** desarrolla la perseverancia a pesar de los contratiempos.
- **Madreselva:** ayuda a la vida a seguir después de una muerte o pérdida.

Directores kármicos

No todas las relaciones kármicas son difíciles. Ocasionalmente, la gente siente una cercanía casi antinatural por un familiar en concreto, con quien se relaciona fácilmente con un afecto amoroso. Este vínculo intenso está basado con frecuencia en experiencias de vidas pasadas compartidas, aunque el reconocimiento de este fenómeno suele estar ausente. Estos directores kármicos te ayudan a pasar situaciones difíciles o crisis. Tienen rasgos de carácter que afirman tu propia bondad. Un director kármico está claramente y casi siempre a tu lado.

Tamara era muy guapa. Estaba dotada con un pelo rubio rojizo y un cuerpo bien moldeado. Trabajaba como modelo de pasarela para espectáculos locales de moda con su hija, Kate, otra belleza natural.

Cuando Kate estaba en su último semestre de la enseñanza secundaria, Tamara salió de la casa porque tenía cita con el médico. Era uno de estos perfectos días de primavera. El sol resplandecía y lo llenaba todo con una suave luz dorada. Por todas partes había tulipanes y cerezos silvestres. Los niños jugaban con sus bicicletas y todo estaba bien en el mundo.

Tamara tarareaba mientras esperaba en un semáforo en rojo, en su coche. Cuando el semáforo se puso verde, Tamara no vio por su derecha que llegaba a un cruce y venía un Cherokee negro que se saltó el semáforo. El otro coche chocó contra el lado del conductor del coche de Tamara. Semiinconsciente, la llevaron al hospital.

Una conclusión fue el menor de sus problemas. Tenía las costillas rotas y había perdido la mayoría de los dientes al quedar su mandíbula casi destrozada. Cuando Tamara se despertó en el hospital y se miró al espejo, se quedó aterrorizada. Se sintió como un millonario que había perdido todo en la crisis de mercados de 1929. Lo único que quería era tener valor para saltar por la ventana. Tal como lo veía, su belleza y salud habían desaparecido.

Débil y descorazonada, Tamara se sintió como si estuviera muriendo. Aunque su dolor era atroz, su angustia mental era aún peor.

«No soy humana», pensó Tamara cuando se vio en el espejo.

En el transcurso de las numerosas operaciones y cirugías reconstructivas a que se sometió, el marido de Tamara mantuvo su exigente trabajo, con poco tiempo para demostrarle su apoyo. Afortunadamente, Kate se convirtió en la directora kármica de Tamara. A menudo, su madre estaba tan deprimida que no quería salir de la cama ni hablar con nadie. Mientras Tamara permanecía en cama convaleciente, Kate se dedicó a la recuperación de su madre. Sin protestar, hacía la cena, lavaba la ropa, barría el suelo, la bañaba y mantenía una actitud alegre.

—Mamá, superarás esto. Todo va a salir bien. Mejorarás, decía.

Años después, cuando Tamara y Kate asistieron a mis clases de curación, supe que habían abierto un spa juntas. Como era de esperar, sus talentos eran sinérgicos. Kate tenía numerosos títulos en artes curativas y se inscribió en la escuela de enfermería. Tamara era especialista en el cuidado de la piel y el maquillaje permanente. Ahora tenía un aspecto maravilloso y se sentía estupendamente.

—Soy una superviviente –afirmó–, pero no podía haberlo logrado sin Kate.

No hay que experimentar una situación tan dramática como la de Tamara para descubrir quiénes son nuestros directores kármicos. El ejercicio siguiente está diseñado para ayudarte a entender las lecciones kármicas que tus relaciones familiares te están enseñando.

Ejercicio de directores kármicos

Enumera los nombres de todos los miembros de tu familia. Incluye a las personas con quienes hayas dejado de comunicarte o que hayan muerto. La lista puede incluir padres, abuelos, hermanos, hijos, cónyuge (o cónyuge anterior), tías, tíos, primos, sobrinos y sobrinas. Ahora contesta a las siguientes preguntas:

- ¿Quiénes son tus directores kármicos? ¿Quiénes son las personas que te apoyan o apoyaban?
- ¿Con quién te relacionas con toda facilidad?
- ¿Cuáles son los puntos fuertes o débiles que admiras de ellos?
- ¿Cómo han influido en tu vida?
- ¿Qué miembros de tu familia te inspiraron para ser una mejor persona? ¿Cómo te inspiraron?
- ¿Cómo han sacado los miembros de tu familia lo mejor de ti?

Coge la lista de cualidades positivas que acabas de componer y colócala delante de ti. Ve a tu espacio sagrado y reflexiona sobre esas cualidades. Deja que tu imaginación genere un personaje de una vida pasada con en esas características. Escribe un escenario de un párrafo sobre una persona que encarne estos rasgos tan admirables. Aunque creas que no puedes escribir, deja que tu imaginación fluya.

Resiste la tentación de editarlo o reescribirlo.

¿Qué ideas tienes sobre ti mismo después de completar este ejercicio?

¿Se relaciona la historia con algún área particular de tu vida, o con un problema con el que has estado luchando? Si es así, ¿cuál es?

Tal vez prefieras hacer un collage en lugar de tu historia, o además de ella. Repasa revistas y recorta imágenes que tengan relación con las cualidades positivas que has enumerado. Pégalas en tu diario de forma que te gusten. Intenta no pensar demasiado en ello. No te molestes en intentar que quede perfecto.

¿Qué has aprendido de tu historia? ¿Qué te dice sobre ti mismo mediante sus imágenes y sus símbolos?

Esencias florales para directores kármicos

Las siguientes esencias florales pueden ayudar a afirmar cualidades positivas:

- **Ranúnculo:** incrementa la autoestima.
- **Alerce:** fomenta la confianza en tus habilidades creativas.
- **Malva:** desarrolla confianza en las situaciones sociales.
- **Campsis:** fomenta la comunicación vital y la autoexpresión.
- **Tanaceto:** permite contactar con tu verdadera fuente de energía.
- **Gordolobo:** ayuda a cumplir tu potencial.

Antimodelos kármicos

Por otra parte, ¿te has fijado alguna vez en los rasgos de carácter de parientes cercanos que eran tan repulsivos que juraste no ser nunca como ellos? ¿Has dicho alguna vez «nunca jamás quiero ser como...?». Estas personas son antimodelos kármicos.

Los antimodelos kármicos pueden ser de mente estrecha, o tal vez han tenido malos hábitos que les molestaron. Quizás no hayan compartido una vida anterior, pero su propósito kármico ahora es ayudarte a actualizar tu personalidad. Muestran una cualidad negativa que probablemente tuviste en una vida pasada. Te ayudarán a entender el impacto de tus acciones pasadas y a motivarte a crecer en el sentido opuesto.

Mis padres fueron unos antimodelos kármicos. Mi madre tenía mucho miedo, hasta el extremo que no iba a ningún sitio ella sola. Tenía demasiado miedo de coger un autobús y de aprender a conducir. Siempre tenía que confiar en otra persona para tener un medio de transporte. Yo no podía entender su miedo. Me parecía tan poco razonable que me prometí ser independiente. Desde que prometí eso, he viajado por todo el mundo yo sola.

Mi padre padeció su primer ataque cardíaco cuando yo tenía cinco años. Fue muy traumático para mí porque yo era la niña pequeña de papá. Tenía hipertensión, fumaba como una chimenea, nunca hacía ejercicio y comía carne con patatas y más carne con patatas. Se negó a cambiar sus hábitos de salud aunque su estado físico se deterioraba constantemente, y pasaba mucho tiempo ingresando y saliendo del hospital hasta que murió con menos de sesenta años.

Ver sufrir a mi padre tuvo un profundo impacto en mí. Yo no quería acabar como él. Observar su condición me motivó a responsabilizarme de mi propia salud. En mis años de adolescente me di cuenta de que lo que había estado comiendo no tenía relación con lo que mi cuerpo necesitaba realmente. Después de años de consumir hamburguesas y patatas fritas llenas de grasa, además de Coca-cola, mis papilas gustativas estaban destrozadas, por no hablar de mi cuerpo rechoncho, que no era mi tipo corporal favorito.

Simplifiqué mi dieta, me convertí en vegetariana, me inscribí en clases de baile y me apunté a un gimnasio. En cuestión de meses tenía más energía, cuando las toxinas acumuladas se dieron cuenta de que mi cuerpo ya no era un anfitrión amistoso.

Bien pensado, mis padres me hicieron grandes regalos. Ver a mi padre sufrir las consecuencias de sus malos hábitos me dio el incentivo para tomar el control de mi salud. En última instancia, mi nuevo camino me llevó a estudiar medicina naturista, yoga, baile y diversas formas de sanación holística. Mamá me demostró que, si dejaba que el miedo arruinara mi vida, no vería muchas cosas de este mundo.

Ejercicio de antimodelos kármicos

Enumera los nombres de al menos diez personas importantes en tu vida. Incluye las personas con quienes no hayas tenido comunicación o que hayan muerto. La lista puede incluir padres, abuelos, hermanos, hijos, cónyuge (o cónyuge anterior), tías, tíos, primos, sobrinos y sobrinas. Responde las siguientes preguntas:

- ¿Quiénes son tus antimodelos kármicos? ¿Quién tiene rasgos o hábitos que te resultan inaceptables?
- ¿Qué hacen que te pone nervioso?
- ¿Cómo te inspiran sus acciones para ser una mejor persona?

Coge la lista de cualidades negativas que acabas de componer y colócala delante de ti. Ve a tu espacio sagrado y reflexiona sobre esas cualidades. Deja que tu imaginación genere un personaje de vidas pasadas con estos rasgos negativos. Describe un escenario en un párrafo sobre una persona que los encarne. Aunque creas que no puedes escribir, deja que fluya tu imaginación. Resístete a editarlo o reescribirlo.

¿Qué ideas tienes sobre ti mismo después de completar el ejercicio? ¿Tiene la historia relación con un área particular de tu vida o con un problema con el que hayas estado luchando? Si es así, ¿cuál es?

Tal vez prefieras hacer un collage en lugar de, o además de, tu historia. Busca en revistas y recorta imágenes que tengan relación con las cualidades negativas que has enumerado. Pégalas en tu diario de forma que te gusten. Intenta no pensar demasiado en ello. No te preocupes por que sea perfecto.

¿Qué has aprendido de tu collage? ¿Qué te dice sobre ti mismo a través de sus imágenes, colores y símbolos?

Esencias florales para antimodelos kármicos

Utiliza la esencia floral de Desert Alchemy para limpiar los patrones generales no deseados, heredados de tu familia. Asimismo, usa las siguientes:

- **Nuez:** eliminar los patrones de hábitos no deseados, heredados de otras personas.
- **Girasol:** cura la autoimagen internalizada del padre.
- **Calochortus:** elimina patrones de inmadurez debidos a una madre sobreprotectora.
- **Milenrama:** protege de la absorción de pensamientos negativos y sentimientos de otras personas.

Choques kármicos

Otro tipo de relación es el choque kármico. Estos choques incluyen interactuar con personas que chocan con nuestro sistema de creencias y que amplían nuestra visión del mundo. Nos ayudan a acabar con las viejas formas de pensamiento y conducta. Los choques kármicos suelen tener lugar entre los miembros de una familia porque seguramente no nos hacemos amigos de personas cuyos valores, creencias y gustos sean la antítesis de los nuestros, e incluso que nos dan miedo.

Georgia lo pasó mal al tener que aceptar que su hija, Robin, era lesbiana. Y no pudo creerlo cundo Robin llevó a casa al amor de su vida. Que Silvia, un transexual de 1,80 metros, ancho de hombros, con rastas rosas, un brillante piercing en la nariz y una minifalda de lamé se sentara para la cena de acción de gracias, era algo que Georgia nunca hubiese podido imaginar.

Cuando le señalé que estaba teniendo un choque kármico con Silvia, se dio cuenta de que tenía unos valores muy rígidos y tradicionales sobre el amor y el sexo. Entendió que, sólo porque sus creencias fueran correctas para ella, eso no significaba que lo fueran para Robin.

La relación de Georgia con Robin y Silvia amplió su cosmovisión hasta aceptar que la gente hace cosas diferentes. Tardó algún tiempo, pero ahora disfruta de tener a la familia reunida. ¡Silvia incluso resultó ser una buena cocinera!

Para Donald era vital ofrecer una imagen pública impecable en su pequeño pueblo. Vivía en una bonita casa de la calle principal, con una valla blanca y petunias rosas floreciendo en el jardín de la entrada. Era miembro de la Iglesia episcopal y de los Jaycees. Sin embargo, era bien conocido por contar chistes racistas en el club de campo. Cuando su hija rubia y de ojos azules le anunció que estaba embarazada y que el padre era la estrella afroamericana del equipo de su instituto, Donald fue incapaz de aceptar este choque kármico. Aunque su hija estaba lista para tener un matrimonio interracial, Donald no podía asimilar la situación. El estrés que le generó era demasiado grande. Murió de un infarto dos semanas antes de la boda.

Mia experimentó un choque kármico cuando su marido, con quien llevaba casada siete años, anunció que llevaba una vida secreta como travesti. Se sintió conmocionada cuando encontró cajas y cajas almacenadas en la buhardilla que contenían zapatos de tacón, pelucas, maquillaje, negligés y bragas de encaje.

Durante su regresión a una vida pasada, Mia descubrió una vida en la que era un sacerdote hipercrítico que condenaba a muchas personas que se atrevían a disfrutar del sexo. Lo relacionaba con su vida actual, porque había tenido una educación religiosa muy estricta con opiniones rígidas sobre el sexo. Aunque se había divorciado, Mia reconoce que su marido echó abajo sus ideas rígidas sobre el sexo y el género. Su visión de la vida se amplió y ahora acepta más a quienes son diferentes.

Ejercicio para el choque kármico

Enumera los nombres de los miembros de tu familia. Incluye las personas con quien no hayas tenido comunicación o hayan muerto. La lista puede incluir padres, abuelos, hermanos, hijos, cónyuge (o excónyuge), tías, tíos, primos, sobrinos y sobrinas. Responde las siguientes preguntas:

- ¿Con quién has tenido choques kármicos? ¿Hay alguien que piense tan distinto de ti que hayas tenido problemas para relacionarte con él sin tener que discutir?
- ¿Qué creías que te sorprendía o molestaba?
- ¿Cómo te beneficias del hecho de sopesar otro punto de vista?
- Cuando no puedes aceptar el punto de vista de otra persona, ¿cómo reaccionas? ¿Cómo disminuye esta reacción el amor que das y recibes?

Consejo para choques kármicos

Si estás convencido de que tu punto de vista es el correcto, puedes ser algo de lo siguiente:

- Dogmático
- Propenso a creerse superior intelectualmente
- Crítico
- Condescendiente
- Pretencioso
- Fervoroso
- Intransigente
- Cerrado de mente
- Autoritario

Cuando nos empeñamos en expresar una de las cualidades negativas anteriores, normalmente experimentamos una interrupción en la comunicación. El amor no prospera en esas condiciones. Cuando puedas aceptar a la otra persona y su punto de vista, te sentirás libre de esas cadenas kármicas.

Visualización de choques kármicos

Puedes superar los choques kármicos utilizando la siguiente visualización:

- Cierra los ojos y relájate.
- Visualiza tu choque kármico en una burbuja de luz de color rosa.
- Afirma que les concedes libertad para ser quienes son.
- Date permiso para pensar de forma diferente a la persona con quien tienes un choque kármico.
- Afirma que tienes una comunicación perfecta.

Esencias florales para los choques kármicos

Prueba a trabajar con una de las siguientes esencias florales para mejorar tus relaciones:

- **Verbena:** elimina la necesidad de convertir a otras personas a tus creencias.
- **Vid:** elimina la tendencia autoritaria a no respetar la autonomía de otras personas.
- **Violeta de agua:** elimina el hecho de verse a sí mismo como mejor o superior a otros.
- **Tulipán de estrella amarilla:** fomenta la conciencia de lo que sienten otros.
- **Caléndula:** desarrolla tolerancia a lo que los otros opinan.

Resumen

Cuando curamos nuestro karma biológico descubrimos que las relaciones dolorosas con miembros de nuestra familia han servido para un propósito: te han permitido ser más fuerte. Ahora tienes herramientas para renovarte y rejuvenecerte. Ahora probablemente sea más sencillo apreciar a los parientes que son muy distintos de nosotros. Hemos reconocido las buenas cualidades que hemos desarrollado y afirmado nuestros atributos, por lo que nos sentimos muy positivos.

En el capítulo siguiente examinaremos las relaciones ajenas a la familia, con amigos y colegas. Aprenderás a completar y sanar situaciones pendientes de resolución. Envíate por correo la tercera copia de tu carta de compromiso para ofrecerte apoyo continuo, o recurre a un equipo de apoyo.

PARTE III

Sanando uniones kármicas

Capítulo 7

Sanando relaciones kármicas

En la segunda parte de este libro has examinado tus vínculos kármicos con tus antepasados y tu familia. En la tercera parte investigarás las relaciones kármicas con jefes, amantes y otras personas, con el fin de mejorarlas y curarlas. A veces, conocer a una persona puede desencadenar intensas emociones inexplicables, que surgen inesperadamente, del mismo modo que visitar un lugar o ver una película puede aportar una sensación de *déjà vu*. Cuando estamos listos para sanar espiritualmente, atraemos a determinadas personas que hacer surgir problemas no resueltos. En este capítulo aprenderás a detectar y resolver los problemas de estas relaciones mediante ejercicios escritos y un ritual de liberación. También aprenderás a curar relaciones dolorosas del pasado y a atraer a tu pareja perfecta.

Despertares kármicos

¿Alguna vez has conocido a alguien y te ha parecido que le conocías desde hace mucho tiempo? Tal vez estabais tan sintonizados que terminabais las frases mutuamente. Quizás, cuando sonaba el teléfono, sabías que era esa persona. Estabas muy conectado, pero no podías explicarlo.

Por otra parte, ¿alguna vez has conocido a alguien y sabías intuitivamente que esa persona iba a ser problemática? ¿Tenías una mala sensación sobre ella, pero no podías indicar cuál era el problema? Determinadas relaciones pueden desencadenar situaciones no resueltas de nuestra alma.

El amor y el odio son dos poderosas fuerzas que actúan como un pegamento kármico, conectando tu destino con otras personas a lo largo de distintas vidas. El amor te conecta con tus amigos, tu familia y seres queridos, y tú disfrutas al reunirte con ellos una y otra vez. Problemas no resueltos que incluyen el odio, la ira, el enfado y la venganza también te unen con otras personas.

Tu alma sabe lo que necesitas conseguir. En la entrevida firmas contratos no sólo con tu familia, sino también con otras personas con las que no tenemos vínculos de sangre, de forma que tu alma siga desarrollándose. Los contratos con amigos, colegas y amantes están diseñados para enseñarte las lecciones sobre el alma que fomentan el crecimiento espiritual.

Si seguimos repitiendo los mismos errores vida tras vida, reproducimos los mismos patrones de conducta predecibles y creencias limitadoras, y nos quedamos estancados. Si seguimos pasando por alto nuestras lecciones, nuestra alma llegará a decir: «¡ya es suficiente!». Cuando nos encontramos en períodos de entrevida, a veces planificamos una situación dramática que nos despierte de nuestro sueño espiritual.

Los despertares espirituales pueden tener lugar mediante una circunstancia o en una relación personal. A veces, un incidente implica una profunda pérdida y nos conmociona tanto que cambia nuestra personalidad. Las calamidades que agitan la existencia demandan nuestra atención completa, de forma que no tenemos más elección que escuchar a nuestro yo superior.

Por ejemplo, Lydia vino a mi consulta porque estaba deshecha emocionalmente. Se sorprendió al descubrir que su marido tenía un lío amoroso con su compañera de trabajo. Pero, para empeorar las cosas, le despidieron del trabajo porque iba contra la política de la empresa tener relaciones personales con compañeros.

El incidente fue devastador para Lydia, por lo que solicitó una sesión de sanación. En ella, poniendo en práctica los principios de la sanación kármica, miró dentro de sí misma para ver qué papel desempeñaba en la situación. Descubrió que la comunicación se había roto en su matrimonio. Todavía quería a su marido, pero habían dejado de compartir sentimientos íntimos y se habían distanciado. Lydia vio que esta calamidad ocurrió por alguna razón. Era una oportunidad para sanar y crecer. También se dio cuenta de que su corazón estaba dispuesto a perdonarlo.

Lo que parecía ser una catástrofe conllevó una transformación, el catalizador que Lydia y su marido necesitaban para tomar contacto con lo que era realmente importante. Empezaron a hablar de nuevo y acudieron a un asesor matrimonial. Su marido encontró otro trabajo y se mudaron a otra parte del país para comenzar una nueva vida juntos. Su relación es ahora más satisfactoria que nunca.

Remanente kármico

En las relaciones suelen tener lugar despertares. La persona más insospechada puede ser el catalizador del cambio. Si tienes una relación que te causa estrés, el problema puede tener raíces en una vida anterior. Tal vez haya alguna razón kármica para que tengas trato con una persona que es muy negativa. Si alguien te hace daño y no le perdonas, el odio y el dolor pasan a otra vida. Yo llamo «remanente kármico» a una cuenta no saldada en vidas pasadas.

Los problemas no resueltos del alma permanecen en tu aura y forman un bloqueo kármico. Cuando estás listo para curarte, tu reloj kármico comienza a funcionar durante las circunstancias que desencadenan una crisis, de forma que la energía bloqueada pueda liberarse. A veces, la persona con quien tienes una cuenta pendiente aparece en tu vida. Cuando tu remanente kármico se libera o se equilibra, cada uno toma un camino distinto. Eres libre para afrontar el reto siguiente, como hizo Carrie.

Carrie encontró su empleo ideal como vendedora de una galería de arte. ¿A quién no le gustaría estar rodeado de bellos cuadros y de una prestigiosa clientela? Además, recibía una comisión por todo lo que vendía. Entonces, ¿por qué tenía los nervios destrozados? Desde que tenía ese trabajo, hacía nueve meses, había vuelto a fumar y había engordado cinco kilos.

La razón de su estrés era su jefe, Karl. Siempre la desautorizaba. Cuando entraba un posible cliente en la galería, Carrie soltaba su discurso de vendedora. Media hora después, cuando el cliente ya estaba dispuesto a comprar alguna obra de arte, Karl salía de su despacho con su carismática sonrisa y apartaba a Carrie. Karl cerraba el trato y ella no recibía su comisión. Esto ocurría una y otra vez.

Carrie estaba harta. Karl se había ido de vacaciones de verano durante dos meses y no estaría localizable en su casa de la playa, en Hampton del Sur. El día después de irse, Carrie descubrió que la cuenta de la empresa estaba a cero. No quedaba dinero para pagarla a ella ni a los artistas cuyos cuadros se habían vendido meses antes. Al parecer, Karl había utilizado ese dinero para renovar su casa de verano y la había dejado a ella en la galería, abandonada. El negocio solía ir mal durante los meses de verano. Si no vendía algo, no habría ingresos.

Carrie estaba tan angustiada que vino a verme para consultarme. Le recomendé que probara una regresión a vidas pasadas para contribuir a relajarse y obtener ideas sobre su situación. Cuando entró en estado de trance pudo ver que tenía unas manos grandes de hombre, con dedos gruesos. En su mano derecha lucía un anillo de oro con un enorme brillante. Después, cuando miró a sus piernas, descubrió que llevaba pantalones de hombre y mocasines marrones. El hombre caminaba por el recibidor de un enorme edificio de oficinas para reunirse con alguien.

El corazón de Carrie empezó a palpitar cuando apareció la oscura figura del recibidor.

—Es Karl... Es mi compañero de empresa –dijo.

Carrie se sintió enojada y apretó los puños. Su cara se puso roja y gotas de sudor bañaron su frente.

—¡Me engañó para quitarme mi parte del dinero! ¡Le odio! –añadió.

Se dio cuenta de que ella había muerto poco después, ahogada en un accidente naval. Nunca perdonó a Karl por sus turbios manejos financieros.

—¿Estás lista para perdonarle ahora y liberarte de todo esto? –le pregunté.

Asintió. Visualizó su ira como un fuego ardiente. Lo eliminó de su aura imaginando que caía lluvia por encima. Cuando dejó de llover, visualizó un suave viento que se llevaba todas las cenizas.

Mientras aún estaba en trance, Carrie rio.

—Sigue siendo el mismo sinvergüenza pico de oro –dijo.

Al final de la sesión, Carrie se sintió mucho mejor. Su cuerpo estaba ligero y pudo volver a respirar libremente. Prometió dejar de fumar y me dio a mí su paquete de tabaco.

La regresión a una vida pasada le ayudó a ver a Karl con más claridad. Karl siempre pensaba en sí mismo y destruía a quien se pusiera en su camino. Carrie se había tomado sus acciones como algo personal debido al rencor que sentía hacia él.

Después de que Carrie hubiese finalizado su trabajo kármico con Karl, su vida cambió rápidamente.

Al día siguiente, hizo dos ventas que permitieron cubrir los gastos de la galería durante el verano. Ella y los artistas cobrarían, e incluso recibiría su comisión.

Una semana después, sorprendentemente, se encontró con su amor del instituto. No le había visto desde hacía años. Retomaron la relación y dos meses después se casaron. Cuando Karl volvió en otoño, ella dejó su trabajo. Lo último que sé es que se había mudado y que había vuelto a la universidad.

Remanente kármico para equilibrar la balanza

A veces, nuestras acciones de vidas pasadas generan un remanente kármico para otra persona. Atraemos a la persona y a sus circunstancias para equilibrar la balanza. Nos topamos con alguien que se porta incorrectamente, igual que nosotros hicimos en cierta ocasión, para ver cómo una conducta inadecuada influye en otros.

Tal vez, sin saberlo, te hayas topado con un remanente kármico y te hayas preguntado: «¿a qué venía eso?» o «¿cuál era su problema?». Desde la perspectiva de la sanación kármica, lo que hay que preguntar es: «¿cuál es la lección para mí?». En este momento, puedo darte un consejo. Si te ves obligado a tratar con una persona cuya conducta sea irracional, confusa y problemática, seguramente sea un remanente kármico.

La mayoría de las personas no saben conscientemente por qué desean una regresión a vidas pasadas. Mis clientes suelen decir que simplemente les interesa. Timothy no tenía ningún problema serio cuando vino a mi consulta para explorar una vida pasada. Decía que sentía curiosidad por quién pudo haber sido. Sin embargo, gracias a la regresión entabló contacto con una relación sobre la que no había pensado desde hacía años.

Cuando Timothy tuvo contacto con su vida anterior, vio que sus manos eran morenas y arrugadas. Era un monje budista que llevaba puesto un vestido de color rojo oscuro, que sostenía un bastón y que estaba de pie sobre un camino de piedra, en las montañas del Tíbet. Se sentía cansado, pero muy tranquilo.

Sabía que se desplazaba a diversos pueblos para celebrar ceremonias y curaciones, además de hacer de mediador y consejero. El país estaba al borde de la guerra. Los chinos habían atacado varios pueblos y los monjes estaban allí para mantener la paz.

Pedí a Timothy que reviviese algún acontecimiento importante de aquella vida. Caían lágrimas por su rostro mientras recordaba.

—Hay un fuego; todo está ardiendo. Veo una cabaña para meditar; un lugar especial donde vamos para estar solos se encuentra en llamas. ¡Dios mío! Este lugar sagrado está ardiendo... ¡ha desaparecido! –Lloraba mientras recordaba–. Un anciano, una persona santa, murió en el fuego. Los monjes estaban muy enfadados. Perdimos el control y casi matamos a quien había provocado el fuego. Era vergonzoso. Se nos puso a prueba y fracasamos.

Pregunté a Timothy si reconocía a alguien de su vida actual.

—¡Oh, Dios mío! ¡El hombre que provocó el fuego fue William, mi antiguo jefe!

Después le guie para que visualizara a William en una burbuja de luz de color rosa y para que liberase toda la negatividad hacia él. Timothy imaginó que toda su ira y su dolor se eliminaban de su aura visualizando una bandada de pájaros que volaban alto por el cielo.

—Te perdono, William –susurró Timothy.

Cuando Timothy salió del trance, tuvo una profunda sensación de paz.

—No pensaba en mi antiguo jefe desde hacía diez años. ¡Esto explica muchas cosas! Trabajar con él en el periódico era una lucha constante. Sus rabietas eran poco profesionales; me di cuenta de que era difícil tratar con él. Siempre provocaba alguna una pelea, pero yo nunca respondí. Me vi puesto a prueba una y otra vez, pero nunca caí en la violencia. ¡Supongo que pasé la prueba!

Ejercicio para problemas relacionados con los remanentes kármicos

Hay dos formas de sanar un remanente kármico. Una es perdonar, la otra, pedir perdón. Este ejercicio te ayudará a generar perdón y a sentir que todo está resuelto.

Empieza asumiendo la parte de responsabilidad que te toca en las relaciones problemáticas. Examina cómo te comportas en ellas. ¿Cómo contribuyes a los conflictos? Hazte las siguientes preguntas:

- ¿Te ves obligado a tratar con alguien que sea negativo, desconsiderado o irresponsable?
- ¿Tienes expectativas poco realistas?
- ¿Soportas conductas inaceptables, inapropiadas o abusivas?
- ¿Dejas que otra persona actúe de forma deshonesta (no cumple sus compromisos)?
- ¿No eres capaz de pedir lo que necesitas?
- ¿Te sientes constantemente enfadado y resentido en determinadas relaciones?
- ¿Planteas exigencias infantiles?
- ¿Te encuentras siempre escuchando o interpretando mal a otras personas?
- ¿Discutes a menudo?

Ejercicio de perdón

Este ejercicio también ayudará a sanar un remanente kármico generando perdón. Ve a tu espacio sagrado y escribe una carta a la persona que quieras perdonar. Puedes comenzar la carta diciendo algo como: «siento cómo ha acabado nuestra relación. Por favor, perdóname por ser _____». Puedes mencionar lo enfadado y dolido que estabas. Dilo todo. Abre tu corazón. Llora y enfádate. Suéltalo todo.

Intenta ponerte en el lugar de la otra persona. Procura entender por qué actuó de la forma en que lo hizo. Recuerda los buenos tiempos. Reconoce cómo ambos crecisteis emocional o espiritualmente cuando estabais solos. ¿Cómo evolucionasteis? Al final de la carta, agradece a esa persona la contribución que ha hecho a tu vida. Deséale algo bueno, si puedes.

Si lo consideras conveniente, envía la carta. Si no, rómpela o quémala en la chimenea.

Visualización de perdón

Entra en un estado de profunda relajación. Imagina una burbuja de luz de color rosa que rodea a la persona que quieres perdonar. Si tu sentido psíquico visual está desarrollado, puede que veas a la persona dentro de la burbuja. Si no puedes visualizarla, pega una fotografía de esa persona dentro de un círculo de papel rosa.

Habla con ella. Mantén un monólogo imaginario. Habla de todo, de los buenos momentos y de los malos. Al final de la conversación, agradécele a esa persona la contribución que ha hecho a tu vida. Deséale algo bueno, si puedes. Cuando hayas terminado, libera la burbuja rosa en la luz blanca de amor universal. Rompe la fotografía y la burbuja de papel rosa, o quémala en la chimenea.

Esencias florales para remanentes kármicos

A continuación, cito algunas esencias florales que puedes probar para perdonar y olvidar:

- **Haya:** promueve el perdón de las faltas de otros.
- **Pino:** ayuda a perdonarse a sí mismo por los propios errores.
- **Salvia:** ayuda a hacer las paces con la vida.
- **Brezo:** ayuda a entender el sufrimiento de otras personas.
- **Calochortus:** desarrolla la empatía.
- **Mímulo rosa:** ayuda a no perder la confianza ni la vulnerabilidad, a pesar de los desengaños amorosos.

Venganza kármica

Si te sientes como si te hubieran engañado, utilizado o manipulado, el impulso natural es vengarte. Estamos programados para la supervivencia y la retribución. Nuestros medios de comunicación de masas favorecen este comportamiento primario y básico, con las imágenes violentas que predominan en la televisión y el cine.

El público se entusiasma cuando Clint Eastwood sigue la pista del malo y le mata. Las famosas historias de *El padrino* tratan sobre mafiosos que se toman la justicia por su mano y se vengan de quienes hacen daño a los miembros de su familia.

No te estoy animando a ser una víctima. Si has sufrido una agresión o maltrato, llama a la policía y emprende acciones legales. Pon tu caso en manos de las autoridades y deja que la ley del karma equilibre las balanzas.

Si has sido traicionado o rechazado, la respuesta instintiva es devolver el golpe. Sin embargo, vengarse no soluciona el problema, sino que sólo perpetúa el karma no resuelto, genera más negatividad y a menudo empeora el conflicto. Además, sumirte en el negativismo es un derroche de energía que podrías utilizar para crear algo positivo.

La venganza puede atraparte en un círculo vicioso. Si vas por la vida enfadado y resentido, seguramente provocarás que se distancien de ti. En lugar de generar relaciones amorosas, mantendrás alejados a los demás mediante una barrera a tu alrededor. Cuando apartamos a las personas de nuestro lado, nos quedamos solos con nuestra ira y nuestro resentimiento. Acabamos sintiéndonos impotentes, culpando a los demás de nuestra situación.

Ejercicio de toma de conciencia de venganzas kármicas

Para saber si te mueven sentimientos de venganza, hazte las siguientes preguntas:

- ¿Hay alguien que te haya traicionado y a quien no hayas perdonado?
- ¿Hay alguien que te haya engañado o decepcionado y a quien no hayas perdonado?

- ¿Conservas algún dolor que haya tenido lugar hace años?
- ¿Sigues enfadado con alguien a quien no hayas visto hace años?
- Albergas aún sentimientos de venganza?
- ¿Culpas a alguna persona por tus problemas?

Ritual de liberación

Odiar a alguien es como dispararte a ti mismo y esperar que la otra persona salga herida. Tú eres quien experimenta los sentimientos tóxicos. Por tanto, si estabas planeando entrar a hurtadillas en el apartamento de tu ex para echar un depilatorio a la botella de champú, detente y respira. Prueba en su lugar a celebrar una ceremonia de liberación.

Este ritual puede ayudar a liberarte de una relación que terminó mal. Dedica tiempo suficiente para realizar la ceremonia, y después cierto tiempo de inactividad para procesar las emociones que se transformarán. Tal vez necesites dormir más. Es mejor no planificar obligaciones sociales durante varios días, mientras te estás integrando y curando.

Para este ejercicio, necesitarás:

- Un regalo para la madre Tierra, como por ejemplo tabaco, harina de maíz, caramelos o una moneda.
- Un palo o una rama delgada y pequeña de unos quince centímetros de largo.
- Una piedra pequeña del tamaño de una moneda.
- Un cuchillo o unas tijeras para cortar la cuerda.
- Dos rotuladores mágicos: negro para representar los sentimientos de venganza, y violeta para el perdón y la paz.
- Un trozo de cuerda de unos treinta centímetros de largo.

Busca un lugar exterior que te resulte reconfortante y nutritivo espiritualmente, donde puedas tener privacidad. Ofrece un regalo a la madre Tierra, a cambio del palo y la piedra. Puedes dar algo de tabaco, un poco de harina de maíz, un caramelo o una moneda.

- Pinta de negro el palo. Pinta la piedra de violeta.
- Relájate sentado cómodamente y cierra los ojos.

- Respira profundamente y deja que te invada la sensación de concentración y tranquilidad.
- Expresa a tu yo superior tu intención de librarte de esta persona. Pregúntate si estás deseando liberarte. Si tu respuesta interior es sí, sigue adelante; si es no, prueba el ritual otro día.
- Afirma tu intención de liberarte de esa persona. Pide que esta curación se haga por el mayor bien de todos.
- Coge el palo negro y recuerda la traición o el incidente que causó la ruptura. Recuerda tu postura corporal, lo que dijiste, lo que oíste, lo que hiciste. ¿En qué parte de tu cuerpo estás reteniendo la emoción? ¿Está bloqueada en tu garganta o alojada en tu barriga? ¿La tienes en tu frente o en tus hombros? Penetra mentalmente en el sentimiento. ¿Qué pensamientos están asociados con este sentimiento? Rompe el palo negro mientras dices a tu yo interior que elimine cualquier trauma relacionado con este incidente. Deja que los pensamientos se vayan también. Puede que sientas calor u oleadas de energía recorriendo tu cuerpo. Después de experimentar las sensaciones quizás empieces a sentirte más ligero. Algunas personas experimentan una sensación de hormigueo en las manos o los pies. (Tal vez debas repetir esto y romper el palo varias veces).
- Ahora coge la cuerda. Imagina que estás cogiendo un extremo y que la persona de la que te estás liberando sujeta el otro. Di en voz alta: «te libero», mientras cortas la cuerda. Ofrece un buen deseo o una bendición. Sabes que ya no estás sujeto a esa persona y que ella no está sujeta a ti. Deja que salga a la superficie cualquier sentimiento de tristeza.
- Cuando haya desaparecido la tristeza, coge la piedra violeta y apriétala contra el corazón. Dite a ti mismo que aceptas que liberar a esta persona es por tu bien. La relación ha tenido su propósito. Sabes que el universo te aportará más relaciones. Siempre atraerás a las personas adecuadas, en el momento apropiado, de acuerdo con lo que tu alma necesite aprender. Si puedes, perdona a esa persona. Perdónate a ti mismo. Ambos lo hicisteis lo mejor que pudisteis. Recuerda algunos de los

buenos tiempos que compartisteis. El amor estará contigo para siempre.
- Mientras sujetas la piedra violeta, deja que sentimientos de paz y tranquilidad llenen todo tu ser. Afirma que todas tus relaciones siguen un orden divino y que se manifiestan con gracia de forma perfecta. Quizás te sientas cansado.

Entierra el palo y la cuerda, o quémalos en la chimenea. Coloca la piedra curativa en tu altar, o en algún lugar privado especial donde nadie la toque durante veintiún días. Después de ese tiempo, devuelve la piedra a la madre Tierra. Debes ser muy amable contigo mismo durante este ciclo de sanación.

Esencias florales para las venganzas kármicas

Prueba a trabajar con una o más de las siguientes esencias florales con el objetivo de afianzar los cambios que experimentarás en las tres semanas siguientes:

- **Corazón de María:** elimina los vínculos malsanos en las relaciones.
- **Madreselva:** elimina la nostalgia por el pasado que bloquea el hecho de estar en el presente.
- **Amaranto:** elimina el dolor y el sufrimiento intensos.
- **Mímulo rosa:** elimina los sentimientos de rechazo.
- **Acebo:** elimina el odio y el deseo de venganza.
- **Sauce:** elimina el resentimiento.

Valores kármicos

Muchas personas que tienen relaciones insatisfactorias no tienen la menor idea de lo que de verdad quieren. A menudo eligen compañeros inadecuados simplemente porque no entienden qué es realmente importante para ellos en una relación. En muchas ocasiones se debe a que se encuentran en piloto automático, reproduciendo esquemas aprendidos en la infancia que ya no promueven el crecimiento de su alma.

En la familia de Brittany, el dinero significaba poder y control. Los regalos siempre se daban con condiciones. Existía un pacto tácito: «Te daré dinero, pero sólo si...».

Durante su sesión de asesoramiento, fue consciente de que siempre atraía a hombres que no sabían dar con generosidad. Vio que su tiempo y su afecto estaban en venta. Brian, el hombre con el que acababa de tener una cita, le ofrecía pagar su billete de avión hacia París. Pero su viaje «gratis» tenía un precio implícito. Ella sería la acompañante de Brian y su compañera de cama, a pesar de que prácticamente no se conocían.

Aunque la sesión fue esclarecedora, Brittany no estaba preparada para hacer el trabajo que debía efectuar a fin de romper el patrón de conducta en que permanecía atrapada. Nunca volvió para hacer una regresión y rechazó mi consejo de someterse a terapia. Lo único que oí sobre ella es que estaba de vacaciones en España, como «invitada» de su nueva relación amorosa. Por supuesto, todos podemos elegir. Eso es lo que ella eligió. Ahora examinaremos lo que le sucedió a Marge.

Marge acababa de finalizar una relación con Lonnie y quería hacer una regresión a vidas pasadas para ayudar a resolver sus sentimientos. Ella y Lonnie eran muy distintos y, sin embargo, se sintieron atraídos desde el momento en que se conocieron.

En el estado de regresión, Marge supo que estaba en Chicago en los años veinte del siglo XX, y que Lonnie era su marido.

—Llevo un negligé de satén blanco y estoy tumbada en un sofá de terciopelo rojo, en una gran mansión victoriana. Espero a que mi marido vuelva a casa –dijo.

Le pedí que fuera a la raíz de su problema con Lonnie.

Marge rompió a llorar.

—Es Lonnie... Le han asesinado. Estaba implicado en tratos con gánsteres. Un mafioso de una banda rival le ha matado a tiros –gritó.

La sesión ayudó a Marge a liberarse de su dolor y le permitió comprender sus profundos sentimientos hacia Lonnie. También le ayudó a resolver sus diferencias en su vida actual. Él era un hombre poderoso que participaba en un importante negocio. Vivía en un barrio prestigioso y conducía un caro coche deportivo. En cambio, Marge trabajaba de maestra, vivía en una casa antigua de un barrio con espíritu de comunidad y conducía un utilitario. Se dio cuenta de que se sentía incómoda en las elegantes fiestas de Lonnie. Tenían valores opuestos. El vínculo de una vida anterior les hacía sentirse muy cómodos juntos, pero sus objetivos en esta vida no eran compatibles con una relación duradera.

La regresión la ayudó a liberarse de Lonnie y a descubrir lo que era realmente valioso para ella. Por su tercera sesión, Marge había empezado a verse con alguien mucho más apropiado para ella. Las sesiones la ayudaron a resolver rápidamente sus sentimientos y le permitieron avanzar para vivir experiencias nuevas y más saludables.

Ejercicio para los valores kármicos

Si quieres generar una relación, prueba a utilizar este sencillo ejercicio para tener una idea clara de lo que quieres de verdad. Enviar un mensaje claro al universo es el primer paso para conseguir que tenga lugar lo que deseas. Abre una página en blanco de tu diario y responde las siguientes preguntas:

- ¿Cuáles son tus valores?
- ¿Qué cualidades te esfuerzas por tener en tu vida?
- ¿Qué es importante para ti en el plano material?
- ¿Cuánto dinero necesitas ganar de verdad para vivir cómodamente?
- ¿Te gusta tu trabajo? ¿O sólo trabajas por dinero?
- ¿Qué es importante para ti en una relación?
- ¿Qué cualidades te importan realmente en una relación?
- ¿Te sientes atraído por una cara bonita? ¿O piensas que es más importante el carácter de la persona?
- ¿Importa más la cuenta bancaria de un posible compañero sentimental que el hecho de tener buenos rasgos de personalidad?

Visualización para atraer el amor

Ve a tu espacio sagrado. Lleva contigo tu diario, junto con una colección de revistas y unas tijeras para recortarlas.

En tu diario, enumera veinticinco cualidades que sean esenciales para lo que considerarías un buen compañero sentimental. Asegúrate de incluir que la persona esté disponible, que sea del sexo apropiado y que viva cerca. Entre las cualidades pueden incluirse que sea divertido, comprensivo, fiable, hábil, consciente de su salud, independiente, considerado, romántico, que cuide a quien quiere, etc.

Cierra los ojos y visualiza la lista completa rodeada de una burbuja de luz de color rosa. Imagina que la envías hacia el universo, sabiendo que atraerá para ti a tu compañero sentimental perfecto.

Ahora haz un collage de imágenes que representen las cualidades que quieres en una relación. Revisa las revistas y recorta imágenes que reflejen el tipo de relación que te gustaría tener. Pégalas en una página en blanco de tu diario.

Puede que quieras arrancar la página y colgar el trabajo terminado en algún lugar visible de tu casa.

Afirmaciones sobre valores kármicos

Elige una de las siguientes afirmaciones, o inventa una tú mismo, para contribuir a atraer el amor:

- Atraigo a mi amante ideal.
- Hay muchos amantes que son perfectos para mí.
- Estoy abierto para recibir amor.
- Soy muy atractiva para los hombres.
- Soy muy atractivo para las mujeres.
- Me quieren por ser yo mismo.

Esencias florales para los valores kármicos

Prueba a trabajar con una de las siguientes esencias florales para contribuir a atraer a un compañero sentimental:

- **Albahaca:** integra la sexualidad y la espiritualidad en una relación amorosa.
- **Hibisco:** integra el amor con la pasión.
- **Alerce:** elimina los sentimientos de ser sexualmente inapropiado.

- **Mímulo viscoso:** elimina el miedo a la intimidad.
- **Caléndula:** abre a la comunicación con los demás.
- **Acebo:** abre el corazón para dar y recibir amor.

Resumen

Ahora que has hecho el ejercicio del perdón, habrás solicitado una nueva vida, libre de culpa y resentimiento. Seguramente te sientas mucho más ligero y tranquilo. Puesto que has eliminado apegos poco saludables, la gente puede estar respondiéndote con mucho más amor y amabilidad. Ahora tienes claro lo que es realmente importante para ti en una relación, que es el primer paso para atraer a un compañero sentimental perfecto.

En el capítulo siguiente, te ofreceré las herramientas para sanar relaciones amorosas kármicas.

Capítulo 8

Sanando relaciones amorosas kármicas

¿Cómo pueden los problemas no resueltos de tu alma influir en tus relaciones sentimentales? Pueden manifestarse como luchas de poder grandes o pequeñas: pelear por el tapón del dentífrico o por miles de dólares. Pueden también aparecer como una falta de compromiso o como asuntos ilegales. En este capítulo aprenderás cuatro tipos de contratos amorosos kármicos problemáticos que tienen el poder de transformarte. También aprenderás a sanar relaciones fracasadas y a entender por qué tu vida amorosa puede estar fallando. Los ejercicios te ayudarán a darte cuenta de por qué eliges a determinadas parejas (incluso sabiendo que después habrá problemas), te darán una nueva perspectiva de los compromisos y adquirirás una nueva visión del equilibrio de poder en tu relación actual.

Relaciones kármicas

¿Alguna vez tienes fantasías sobre encontrar a tu alma gemela? ¿Quizás te sientes fuertemente atraído por alguien que ya está casado? ¿O tal vez estés comprometido en una relación, pero estás pensando en engañar a tu pareja porque has encontrado a alguien que parece totalmente irresistible? ¿Alguna vez has conocido a alguien que parecía la persona perfecta, pero has descubierto que no podéis vivir juntos después de todo? Estas clases de atracciones que son tan intensas, y que te llegan al alma, suelen ser kármicas.

En las relaciones sentimentales, cuando hay una conexión con el alma de otra persona, también tenemos un vínculo emocional extraordinariamente fuerte. El vínculo puede ser tan fuerte que te ves abrumado por las emociones que sientes hacia la otra persona. En estos tipos de relaciones, es habitual actuar impulsivamente y dejar de lado el buen sentido.

Las relaciones kármicas pueden aparecer de las maneras siguientes:

- **Banderas rojas kármicas:** relaciones en que existen condiciones peligrosas; hay que mostrarse precavidos en estas relaciones porque son verdaderamente traicioneras.
- **Repeticiones kármicas:** situaciones que también has experimentado en una vida anterior. Los nombres de las personas pueden haber cambiado, pero el contexto es el mismo. No aprendiste la primera vez, así que tienes otra oportunidad.
- **Sombras kármicas:** relaciones que te ayudan a estar en contacto con una parte de ti mismo que has mantenido en la oscuridad. Ya se trate de una persona o una situación, te ayudan a ver dónde no estás siendo responsable.
- **Inversiones kármicas:** relaciones en las que se invierten los papeles. Los dos estáis trabajando para curar una vida anterior en la que hubo un desequilibrio de poder en la relación. A consecuencia de ello, uno sufrió. Ponerse en el lugar de la otra persona ayuda a equilibrar la balanza.

En la entrevida, establecemos contratos con almas que hemos conocido sentimentalmente en otras vidas. Estos contratos entre las almas son todo un reto y están diseñados para hacerte ver tus conductas negativas, o para fortalecer tu carácter. Si cualquiera de estos contratos está en vigor en nuestra vida actual, eso significa que estamos listos para liberarnos de viejas formas de pensar y comportamientos que ya no nos sirven. Localizar y distinguir un patrón negativo es el primer paso de la transformación.

Banderas rojas kármicas

En lo que concierne a las relaciones, la gente toma algunas decisiones alocadas. A lo largo de los años he trabajado con personas que han atraído a parejas sentimentales destructivas. A este tipo de relación lo llamo «bandera roja kármica» porque hay condiciones peligrosas y se debe tener precaución. Algo en tu interior sabe que tener intimidad con esa persona va contra tus propios intereses, y sin embargo ignoras las señales de aviso y te implicas de todas formas. Normalmente la relación pronto se convierte en un desastre, se dispara tu alarma kármica y acabas despertando. No obstante, existe la esperanza de llegar a un nuevo nivel de conciencia.

Bill Clinton es el ejemplo perfecto de alguien que lo tuvo todo –matrimonio, familia y un poderoso puesto de liderazgo–, y no obstante se arriesgó a perderlo cuando respondió a una bandera roja kármica y tuvo una relación adúltera. En última instancia, la crisis que atravesó conllevó curación para su niño interior herido. Recurrió a un consejero matrimonial y, por primera vez, examinó cómo los problemas de su infancia influyeron en su vida emocional. Su matrimonio se salvó y seguramente funciona de un modo mejor y más saludable.

Quizás hayas nacido en una familia cariñosa y tenido una niñez idílica. Sin embargo, como adulto es posible que atraigas a una pareja inadecuada porque tu alma ansía sabiduría y sanación. Las experiencias difíciles generadas por una bandera roja kármica allanan el camino hacia el aprendizaje y el crecimiento. La destrucción emocional puede ofrecer la oportunidad de reconstruir tu psique desde cero. Tus heridas pueden abrirte a un nuevo nivel espiritual que de otra forma no habrías alcanzado.

Una bandera roja kármica genera una situación crítica que, igual que un velo kármico o un catalizador kármico, nos lleva a un punto de inflexión. La relación se convierte en una prueba de fuego espiritual y podemos elegir entre volar como el Ave Fénix o quedar reducidos a cenizas.

El marido de Pamela, Jason, era su bandera roja kármica. Veamos si ésta reconoce las señales de aviso.

Cuando Pamela se mudó a la ciudad de Nueva York desde un pequeño pueblo del Medio Oeste, estaba deseosa de tener una relación. En cuanto conoció a Jason se cogieron tanto cariño que no podían estar el uno sin el otro. Seis semanas después, cuando él propuso que se casaran, ella dijo que sí. Cuando Pamela llamó a su familia para anunciarles que se había casado en una ceremonia improvisada en el ayuntamiento, sus padres enviaron un generoso cheque como regalo de bodas.

Pamela dejó su empleo para trabajar para la empresa de Jason y se mudó al apartamento de éste, en Upper East Side, sin saber que la madre de él, Ellen, vivía en el mismo edificio. La primera noche posterior a su luna de miel en las Islas Vírgenes, comenzaron las llamadas telefónicas.

—Jason, ¿puedes venir? La bombilla de mi dormitorio se ha fundido. Está demasiado alta para que yo pueda llegar. Necesito que la cambies –dijo Ellen.

—Oh, hola, Pamela. Mi frigorífico está vacío; ¿puedo ir a cenar con vosotros? –preguntó otro día

—Jason, ¿puedes traerme del trabajo a casa en coche?

Una semana más tarde, ya no eran una pareja feliz. Pamela se dio cuenta de que formaba parte de un triángulo amoroso. Se sintió como una segunda esposa en un matrimonio polígamo, y su suegra era la esposa número uno. La vida diaria era una batalla constante para atraer la atención de su marido. Cuando Ellen llamaba, Jason salía corriendo obedientemente.

Cuando Pamela recibió el extracto mensual de su tarjeta de crédito, se alarmó al ver que había tres mil dólares de cargos adicionales sin detallar.

—Oh, deben de ser cargos de mi madre. La puse en nuestra cuenta por si necesitaba algo. No te preocupes, yo lo solucionaré –dijo Jason.

Pero no lo hizo. Cuando Ellen agotó el saldo de la tarjeta de crédito, la pareja decidió utilizar parte del regalo de bodas para pagar la deuda.

La empresa de Jason empezó a crecer a pasos agigantados, lo mismo que la barriga de Pamela. Las conversaciones intelectualmente estimulantes que tenían antes de casarse se habían esfumado. Ahora todo lo que había era discusiones.

—Debemos irnos de aquí. El niño va a llegar pronto y necesitamos más espacio. Podemos utilizar el resto del dinero de nuestra boda para pagar una entrada –dijo Pamela mientras cogía una guía inmobiliaria.

—Todavía no nos lo podemos permitir –objetaba Jason.

Mientras Pamela se encontraba en la última fase de su embarazo, Ellen concebía su propio plan. Tener un apartamento en Nueva York no era suficiente para estar satisfecha; también quería una casa en la playa.

Cuando Pamela descubrió que Jason había pagado toda la hipoteca de la casa de la playa de Ellen con lo que quedaba del dinero del regalo de boda de sus padres, se disgustó tanto que sufrió las primeras contracciones antes de tiempo. Ocho horas después, era la madre de una niña.

El hecho de ser madre le dio fuerzas para lanzar a Jason el ultimátum definitivo.

—¡Soy yo y la niña, o tu madre! Elige –dijo.

—Mi madre se ha sacrificado mucho por mí. Me crio ella sola cuando mi padre nos abandonó. No puedo dejarla –contestó Jason.

Cuando Pamela me llamó para concertar una cita, estaba desconsolada. El primer paso era aplicar los principios de la sanación kármica. Debía asumir la responsabilidad por el papel que había estado desempeñando en su matrimonio. La sesión la ayudó a darse cuenta de que había sido demasiado abierta y confiada. Estaba tan deseosa de tener una familia que había perdido el buen juicio. Fue una ingenua al casarse con Jason antes de conocerle de verdad. Su fuerte vínculo kármico había obnubilado su pensamiento.

Pamela se había dejado utilizar, pero ya era bastante. Al día siguiente tuvo valor suficiente para pedir el divorcio. Sin embargo, aún le quedaba mucho por sufrir, ya que Jason y su madre querían todo su dinero, además de la custodia de su hija.

Los cinco años siguientes los pasó disputando agotadoras batallas legales con Jason y Ellen. Durante todo ese tiempo, Pamela experimentó muchos cambios. En muchas sesiones curativas examinó cómo debía desenvolverse. Se dio cuenta de que había heredado la ingenuidad de su madre.

La madre de Pamela siempre había estado muy protegida. No tenía experiencia en tratar con personas ajenas a su familia y era tan inocente como la princesa de un cuento. Vivía en un mundo de fantasía, donde la gente era amable, cariñosa y considerada. Pamela fue consciente de que ella también tenía ese falso idealismo y que carecía de la capacidad de ver de verdad el carácter de una persona. Pamela ahora estaba transformando ese patrón kármico en sabiduría. Ya no confiaba ciegamente en la gente.

Durante los días oscuros y tristes que pasó en los juzgados, se hizo más fuerte. Le recomendé que tomara una esencia floral de castaño dulce para que le aportara tranquilidad espiritual.

Al final se hizo con la custodia de su hija. Y lo más importante, Pamela juró que nunca intentaría controlar la vida de su hija. Nunca sería egoísta como Ellen.

Ejercicio para problemas relacionados con banderas rojas kármicas
Las banderas rojas kármicas nos obligan a mirar en nuestro interior y procurar entendernos. Para descubrir si tienes problemas relacionados con banderas rojas kármicas, hazte las siguientes preguntas:

- ¿Te encuentras inmerso en una relación que sabes que no es buena para ti?
- ¿Estás atrapado en un triángulo amoroso?
- ¿Tienes alguna relación adúltera?
- ¿Confías en alguien que ha demostrado ser poco digno de confianza?
- ¿Intimas con una persona antes de conocerla realmente? Si es así, ¿te funciona eso de verdad?
- ¿Tienes tanto miedo de implicarte con alguien que evitas las relaciones?
- ¿Eres adicto al amor? ¿Al sexo?
- Si has tenido relación con alguna bandera roja kármica, ¿qué te dijiste a ti mismo para evitar responder a las señales de aviso?
- ¿Qué aprendiste de la relación?
- ¿Cómo influyeron tus defectos de carácter en esa situación?

- ¿Dejaste que decidieran por ti?
- ¿Te comunicaste de forma abierta y honesta?

Meditación para relaciones kármicas

La siguiente meditación está pensada para ofrecerte ideas sobre una vida pasada que has compartido con una persona específica, y para comprender el karma que acarreas de esa relación. Puedes utilizarla a fin de obtener consejo para alguna relación, no sólo en caso de bandera roja.

Examinarás el propósito de tu relación actual y obtendrás información sobre lo que debes hacer: aprender a curarte, equilibrar la balanza y ser completo.

Es posible que quieras grabar esta meditación. Detente el tiempo suficiente, después de cada pregunta, para dejar que llegue la información. No tengas prisa. Todo el proceso debe llevarte unos cuarenta y cinco minutos. Proponte reunirte con una persona determinada. Escribe su nombre en los espacios en blanco. Puedes grabar esta meditación para explorar todas las relaciones que desees.

Relájate y ponte en posición cómoda. Cierra los ojos y respira profundamente. Siente cómo tu respiración se mueve por tu cuerpo como una ola suave. Cuando inspires, inspira paz. Espira y libera toda la tensión. Inspira, respira relajación. Espira, déjate ir un poco más. Sigue respirando profundamente durante un minuto o dos, mientras olvidas todas las preocupaciones del día.

Empiezas a tener una sensación de ligereza, una sensación de paz, una sensación de unidad. Disfruta de este delicioso sentimiento de relajación. Visualiza que estás rodeado por un halo protector de luz blanca.

Imagina que subes a un avión. El vuelo va a llevarte a una vida anterior que compartiste con _______ (piensa el nombre de la persona).

Te dejas caer en tu espacioso y cómodo asiento de primera clase. Te abrochas el cinturón y te relajas, buscando seguridad dentro del núcleo de tu ser.

Siente cómo te mueves por el tiempo y el espacio, por el tiempo y el espacio. Viajas a otra vida que compartiste con _____.

Cuando el avión llegue a su destino, te encontrarás en la vida pasada que compartiste con _____.

Ahora el avión está descendiendo, bajando hasta esa vida anterior. Toca el suelo suavemente.

Has aterrizado sin problemas. Te levantas del asiento y sales del avión. Al pasar por la puerta, entras en otra vida. Mira tus pies. ¿Llevas zapatos? Mira tus manos. ¿Eres hombre o mujer? ¿De qué color es tu piel? ¿Qué sensaciones tienes en tu cuerpo? ¿Qué tipo de ropas llevas? ¿Qué edad tienes, aproximadamente? ¿Cuál es tu nombre?

Ábrete más profundamente a tu intuición. Confía en tus impresiones mientras fluyen en tu mente.

Caminas por el largo vestíbulo. Al final, ______ está de pie esperándote. Puedes verle vagamente. Al acercarte, su imagen se hace más nítida.

¿Es _____ hombre o mujer? ¿De qué color es su piel? ¿Cómo está vestido? Experimenta la emoción de ver y sentir a la persona que amas. Fíjate en las sensaciones de tu cuerpo. ¿En qué piensas?

¿Qué relación tienes con esta persona? Deja que la respuesta fluya en tu mente.

______ te coge la mano para enseñarte el camino a casa. Deja que afluya el recuerdo suavemente, de forma fácil y sin esfuerzo. ¿Dónde estás? ¿En qué país te encuentras? ¿Qué año es? Pasa algún tiempo examinando todo esto. Recuérdalo de una forma fácil y placentera.

Y ahora pasa a un incidente importante.

¿Qué experimentas? ¿Qué sientes? ¿Qué sensaciones tienes en tu cuerpo? ¿Qué estás pensando? ¿Se pronuncian palabras? Deja que la historia se desarrolle. Ábrete a tu guía interior.

¿Cómo se resuelve esta experiencia? ¿Cuál es el resultado?

A continuación, viaja al momento de tu muerte. Visualízala de forma que sea fácil y cómoda. Confía en tu intuición.

¿Cómo moriste? Deja que las impresiones afloren de la parte más profunda de tu memoria.

Ahora examina toda esa vida. Deja que los pensamientos, las ideas y la sabiduría de esa vida afloren a tu conciencia.

¿Cuál fue la lección espiritual de esa vida? ¿Cuál es la relación kármica entre tú y _____? Deja que emerja tu parte más sabia. ¿Cuál es el propósito de tu relación con _____ en tu vida actual?

¿Qué necesitas hacer para curarte? ¿Qué necesitas hacer para equilibrar las balanzas kármicas? ¿Qué necesitas hacer para estar completo?

¿Qué sensaciones corporales tienes? ¿Sientes algún dolor? Localiza el dolor o la sensación en tu cuerpo. Asígnale una imagen. ¿Qué tamaño tiene? ¿Cuánto pesa? ¿De qué material está hecho? ¿De qué color es? ¿Cómo quieres librarte de él?

Libéralo ahora en la luz blanca del amor universal. Llena todo tu cuerpo con luz blanca. Imagina esta luz blanca que baja por tu cara, tu cuello, tu torso. Siente esta luz blanca dando a todas las células de tu cuerpo permiso para funcionar con una salud perfecta. Estás sanando a todos los niveles: físico, emocional, mental y espiritual.

En sólo unos momentos contarás hasta cinco. Al llegar a cinco, estarás totalmente despierto, fresco y sintiéndote bien.

Uno... dos... tres... cuatro... cinco. Abre los ojos y vuelve al presente.

Da las gracias por las revelaciones que has obtenido.

Dedica todo el tiempo que necesites a anotar las impresiones, sentimientos, palabras de consejo o sensaciones corporales que has tenido. Utiliza bolígrafos de colores para dibujar formas o imágenes. Después contesta a las siguientes preguntas:

- ¿Cuáles han sido las impresiones sobre ti mismo en esa vida anterior?
- ¿Cuáles han sido las impresiones sobre ______ en esa vida anterior?
- ¿Cuál era vuestra relación?
- ¿En qué país estabais?
- ¿Qué año era?
- ¿Cuál fue el acontecimiento importante?
- ¿Cómo se resolvió esta experiencia?
- ¿Cómo moriste?
- ¿Qué emociones, sensaciones corporales o pensamientos tuviste?
- ¿Cuál fue tu lección espiritual en esa vida?
- ¿Cuál es la relación kármica entre tú y ______?
- ¿Cuál es el propósito de tu relación con ______ en tu vida actual?

- ¿Qué debes hacer para curarte?
- Si has experimentado algún dolor o sensación corporal, haz un dibujo suyo.

Afirmaciones para banderas rojas kármicas
Elige una de las siguientes afirmaciones, o invéntalas tú mismo, para reforzar la curación de tu relación kármica:

- Perdono a ________.
- Me estoy convirtiendo en la persona adecuada.
- No necesito a ________ para sobrevivir.
- Recibo aspectos positivos de todas mis relaciones.
- Tomo buenas decisiones.
- Confío en mí mismo.

Esencias florales para banderas rojas kármicas
Prueba a trabajar con una o más de estas esencias florales para afianzar el proceso de sanación:

- **Castaño dulce:** aporta alivio cuando se experimenta la noche oscura del alma.
- **Girasol:** devuelve la autoestima.
- **Borraja:** da valor para afrontar un desastre.
- **Artemisa:** ayuda a aceptar las pérdidas.
- **Roble:** te mantiene centrado y fuerte frente a la adversidad.
- **Uva de Oregón:** ayuda a recuperar la fe en la gente.
- **Orgullo de la montaña:** aporta valor para afrontar el mal o las malas acciones.

Repeticiones kármicas

Si has perdido el barco y no pudiste aprender una lección concreta en una vida pasada, a menudo dispones de una segunda oportunidad. A estas reposiciones las llamo «repeticiones kármicas». Tu vida actual reproduce una situación que experimentaste en una vida anterior. Las circunstancias pueden ser bastante diferentes, pero el asunto es el mismo. Es como Bill Murray en la película *Atrapado en el tiempo*. Revive el día una y otra vez, ensayando diversas respuestas a las circunstancias, hasta que descubre cómo vivir bien. La diferencia con una repetición kármica es que repetimos una vida, y no un día. Si te encuentras en una repetición kármica, la relación relevante suele ser una tragedia o una crisis que nos obliga a prestar atención, como en el caso de Bobbi.

Bobbi a menudo se preguntaba por sus vidas pasadas. Después de finalizar uno de mis cursos de curación con reiki, su vida empezó a experimentar muchos cambios positivos. Deseosa de seguir aprendiendo, concertó una cita para una regresión a vidas pasadas. Cuando entró en un trance profundo, recordó haber sido una joven llamada Emma, en la Inglaterra del siglo XVIII. Vio que tenía los brazos extendidos hacia un hombre de quien sabía que era George, su marido actual, aunque tenía un aspecto totalmente diferente. Caían lágrimas por el rostro de Emma cuando este joven le decía que no podían casarse.

—Mi padre no lo permitirá –decía.

Bobbi siguió sollozando mientras revivía el amargo dolor y el rechazo de Emma. Emma murió con treinta y pocos años, sin haberse repuesto nunca de su desconsuelo.

Cuando Bobbi salió del trance, parecía calmada y tranquila. Me explicó cómo la vida pasada se relacionaba con la actual.

—¡Oh, Dios mío, no puedo creerlo! Conocí a George, mi marido, hace veinticinco años, en un negocio de venta de coches. Yo era la directora y él trabajaba en la sección de ventas. Fue amor a primera vista. Tres meses después, se mudó a mi casa. Cuando George contó a su familia sus planes de boda, le amenazaron con desheredarle. Ni siquiera me habían conocido, y no obstante no aprobaban la boda porque yo era cinco años mayor que George, divorciada y no católica –dijo–. George me aseguró que me seguía queriendo. Decía... «El dinero no importa, querida. Nadie puede impedir que nos casemos».George y yo seguimos adelante con nuestros planes de boda. Dos semanas antes de la boda, el padre de George le llamó lanzándole un ultimátum: «Si te casas con Bobbi, te desheredaremos. No volverás a tener contacto con nadie de la familia. Para nosotros, estarás muerto. Si esperas un año y tu amor sobrevive, la aceptaremos». Cancelamos la boda. Sabía que George me culparía algún día si perdía el contacto con su familia. El año pasó rápidamente. Me convertí al catolicismo y nos casamos por la Iglesia católica. Con el paso de los años he sido aceptada por toda su familia, ¡incluso por su padre!

»Ahora sé por qué George y yo sufrimos esas dificultades. Se nos puso a prueba de nuevo. Sin embargo, en esta ocasión nuestro amor superó la prueba, y yo aprendí a perdonar de todo corazón.

Repeticiones kármicas con nuevos protagonistas

A veces, una repetición kármica tiene lugar con la misma persona, como en el caso de Bobbi. Bobbi y George tuvieron otra oportunidad para estar juntos en circunstancias positivas. A veces, las circunstancias actuales son similares a las de una vida anterior, pero incluyen distintas personas, como en el caso de Sue Ellen. Ella no compartió una vida anterior con su marido actual, sino que una regresión a vidas pasadas la ayudó a liberarse de un patrón destructivo basado en una repetición kármica.

Parecía que Sue Ellen tenía una vida perfecta. Era una guapa morena, casada con un atractivo y exitoso médico. Vivían en una mansión de diez habitaciones con piscina y un garaje para tres coches. Sin embargo, no todo era tan maravilloso como parecía. En su interior, Sue Ellen sufría. Vino para experimentar una regresión porque su matrimonio de cinco años había degenerado en violencia psíquica y física. Sue Ellen declaró que, si no conseguía hacer algún cambio en su situación, moriría.

Su marido, Bob, controlaba su vida. Él establecía las reglas sobre lo que podía o no hacer. Sue Ellen no podía salir con sus amigas porque no tenía dinero propio.

Cuando una amiga invitó a Sue Ellen al cine, Bob le quitó las llaves para que no pudiera salir de casa. Cuando intentó quedar con otra amiga, una semana después, Bob le puso un ojo morado. Sus amigas dejaron de llamarla, y Sue Ellen se sintió sola y deprimida.

Pasaba sus tardes vacías caminando por el centro comercial. Era una de las pocas actividades que Bob le permitía hacer.

Bob le decía una y otra vez:

—Tú estás aquí sólo para cuidar de mí y de la casa. Yo pago las facturas. Yo soy quien manda.

—¿Qué sucedería si encontrara un trabajo? –replicaba.

—¿Qué trabajo vas a encontrar? Ese título tuyo no vale nada. No tienes habilidades útiles para el mercado de trabajo. ¡Ni siquiera puedes escribir con teclado!

Tras de las peleas, él intentaba hacer las paces comprándole regalos caros. Pero, después de que pasara algún tiempo, ella se dio cuenta de que estaba pagando un precio demasiado alto por tener un perfume caro, ropas de diseño y un Mercedes.

Un día, Bob se encontraba fuera dando una conferencia, así que Sue Ellen aprovechó la oportunidad para buscar ayuda. Leyó sobre mis seminarios en un catálogo de cursos nocturnos y me llamó para concertar una cita y efectuar una regresión. Inmediatamente llegó a una vida anterior en que tenía un bonito pelo negro y una piel de color miel. Sus brazos estaban envueltos de pulseras de plata. Llevaba babuchas doradas con la punta levantada y un vestido de colores vivos adornado con campanillas de metal que tintineaban cuando se movía.

Sonriendo de oreja a oreja, Sue Ellen dijo:

—Me siento mimada y feliz. Me cuidan muy bien. Mi nombre es Mina.

Sabía que era una cortesana en un algún lugar del Medio Oriente, hace miles de años. Pertenecía a un poderoso mandatario de alta jerarquía. Él estaba sentado en un trono elevado de mármol, en un vestíbulo enorme, con arcos y columnas.

Su corazón comenzó a palpitar cuando sintió ira y miedo. Ella y el hombre estaban discutiendo.

—No tengo derechos, porque él me posee. Me he enamorado de otro hombre y quiero romper mi juramento. Me pongo de rodillas rogándole que me libere, pero no me deja marchar.

Empezó a llorar mientras recordaba que le apuñalaban en el corazón cuando intentaba escapar de los matones que habían pagado para asesinarla. Llenó su corazón herido con una imagen de una mariposa monarca. Afirmó que se sentía libre para amar.

Cuando Sue Ellen salió del trance, parecía desconcertada.

—Es casi igual a mi matrimonio con Bob, que ha sido una lucha entre libertad e independencia. Los primeros años de matrimonio, realmente creí que mi papel era hacer las tareas domésticas y estar disponible para practicar sexo con Bob siempre que él quisiera. Por supuesto, ése también era el rol de Mina. Él la mantenía, y todo lo que ella tenía que hacer era ser una concubina. No se me ha ocurrido pensar hasta ahora que he dejado que me compraran y me poseyeran. Mina escapó, después la atraparon y la asesinaron. Me di cuenta de que subconscientemente he temido que esto me ocurriría de nuevo. Si le abandonaba, moriría. Cada vez que dejaba a Bob, era incapaz de seguir adelante con el divorcio, a pesar de las continuas agresiones. Algo siempre me retenía.

»Soy tan bella, inteligente y fuerte como Mina. Debo creer que abandonar este matrimonio supondrá para mí una nueva vida. No necesito que nadie me compre cosas. Para tener una relación igual, tengo que liberarme de esta necesidad de que me mantengan.

¡Y eso es lo que hizo Sue Ellen! Se sometió a terapia y se divorció de su marido. Fue difícil, y a veces no sabía si tendría fuerza suficiente para soportarlo todo. Pero perseveró y al final comenzó una nueva vida.

Ejercicio de problemas relacionados con repeticiones kármicas

Para descubrir si tienes problemas relacionados con repeticiones kármicas, hazte las siguientes preguntas:

- ¿Te encuentras en una relación abusiva, pero no buscas ayuda?
- ¿Te sueles preguntar: «¿qué he hecho yo para merecer esto?».
- ¿Piensas que ciertas relaciones son como pruebas?
- ¿Crees que debes algo a alguien, y no obstante no estás seguro de por qué tienes ese sentimiento?
- ¿Crees que ya has vivido antes esta situación?
- ¿Se ha convertido en una prisión tu necesidad de seguridad?

- ¿Qué parte de tu vida se ha vuelto tan cómoda que estás estancado?
- ¿Qué conductas tienes que parecen infantiles o inapropiadas, y sin embargo sigues reaccionando de esa forma?

Visualización de tarot para repeticiones kármicas
Esta visualización está diseñada para ayudar a liberarte de un apego no deseado. Podría tratarse de una adicción a una persona o a una situación.

Necesitarás utilizar la baraja de cartas del tarot Los Arcanos, que ya usaste en el capítulo I.

Ve a tu espacio sagrado. Afirma tu intención para esta meditación. ¿Qué quieres liberar?

Revisa la baraja y encuentra la carta del Demonio, el número quince. Siéntate erguido en una silla, con la columna recta, y coloca la carta en una mesa, delante de ti. Concéntrate en la carta. Capta toda la imagen: los colores, las figuras, el Diablo y la oscuridad del fondo.

Esta carta encarna la energía arquetípica de Pan, que es medio hombre, medio macho cabrío. Es el dios del júbilo y la sensualidad. Una de las formas más eficaces de cambiar nuestra conciencia es ver lo absurdo de la vida. Cuando nos tomamos demasiado en serio los problemas, éstos pueden atraparnos. Cuando nuestra vida se parece a la carta del Diablo, reírse puede ser nuestra mejor ayuda.

Si actualmente te identificas con esta carta, eso significa que has perdido tu sentido del humor. Necesitas recuperarlo, ¡rápidamente! Conviértelo en tu prioridad. Haz lo siguiente:

- Prueba a ver comedias hasta que cambies tu actitud.
- Escucha CD de meditación con risas del maestro de la risa Laraaji Nadananda, en http://dwij.org/rising_stars/laraaji.html
- Exagera tu problema. Imagínalo veinte veces peor. Después imagínalo cien veces peor.
- Imagina que toda la gente con la que hablas tiene tu problema. ¡Imagina que todo el mundo lo tiene!

- Imagina que sigues teniendo tu problema cuando mueres.
- Pide al diablo ayuda para encontrar otras diez formas con el fin de reducir tu apego.
- Ríe hasta que tu mundo interior sea el reflejo de tu mundo anterior.

Afirmaciones para repeticiones kármicas

Elige una de las siguientes afirmaciones, o inventa una tú mismo, para ayudarte a reforzar tu sanación de las repeticiones kármicas:

- Entrego mi vida al poder superior que sabe lo que es mejor para mí.
- Estoy deseando ser alegre.
- Conservo mi sentido del humor.
- Manejo mis problemas de forma realista y alegre.
- Mi vida sigue el orden divino.

Esencias florales para repeticiones kármicas

Prueba a trabajar con una o más de estas esencias florales para contribuir a tu proceso de sanación:

- **Lengua de perro:** recupera el sentido del asombro y la reverencia por la vida.
- **Menta:** desarrolla ligereza en nuestro pensamiento.
- **Zarzamora:** transforma las ideas en acción.
- **Nemophila:** recupera la confianza en lo divino, a pesar de las experiencias difíciles.
- **Alerce:** ilumina los errores como lecciones de aprendizaje.
- **Mostaza:** transforma la depresión en alegría.
- **Zinnia:** transmite el sentido del humor de un niño.
- **Cayena:** nos moviliza para entrar en acción.

Sombras kármicas

Si tienes tendencia a atraer a compañeros sentimentales que parecen tener los mismos problemas, es posible que estés intentando curar un problema de vidas pasadas. Por ejemplo, si sigues implicado con hombres o mujeres que no pueden comprometerse contigo, puede haber algo sobre ese problema en una vida anterior que no se integró en esa vida. En cualquier momento en que te sorprendas culpando a los demás de tus problemas, estarás tratando con una *sombra kármica*.

Las sombras kármicas te ayudan a estar en contacto con una parte de ti mismo que ha permanecido en la oscuridad. Te obligan a examinar áreas en las que no estás siendo responsable. Puede parecer que alguien más tiene el problema, cuando en realidad es tuyo.

Por ejemplo, Laura deseaba tener una familia. Después de tres años viviendo con su novio, Tom, le habló de matrimonio, pero él dijo que no estaba preparado. Un año después, al cumplir veintinueve, sacó de nuevo el tema. Una vez más, Tom no pudo comprometerse. A Laura no le hacía gracia que le diera largas, así que le dejó.

Ahora con treinta y tantos, una vez más tenía una relación con un hombre que no quería poner el anillo en su mano. Su reloj biológico hacía tictac, y su desesperación la condujo a experimentar una regresión conmigo para comprender su bloqueo.

Laura me pidió que le hiciese reiki mientras estaba hipnotizada. Cuando coloqué mis manos en su cara, sentí su temblor con miedo, por lo que dije: «Déjate llevar, es totalmente seguro».

Su respiración se volvió agitada mientras estaba hipnotizada. Dijo aterrorizada:

—Estoy escondida en los arbustos de una colina. Seis indios han venido a nuestra granja. Mis niños lloran, pero yo estoy demasiado paralizada para moverme.

Cayeron lágrimas por su rostro mientras seguía recordando:

—¡Oh, Dios mío, mi casa está ardiendo! Las llamas llegan al cielo. Sin embargo, sigo escondida. Sé que, si me ven, me matarán. Pero mis hijos... Están capturando a mis hijos y a nuestros dos caballos. He perdido todo: mi casa, mi familia...

Le pregunté sobre lo ocurrido.

Todavía en trance, Laura se colocó en posición fetal mientras estaba tumbada en la mesa de masaje. Juntó las rodillas con el pecho mientras decía:

—Nunca me recuperaré. Cuando la gente de la ciudad me encuentra días después, me he vuelto loca. Una viuda de la ciudad me lleva a su casa para cuidarme, pero muero unos días después de un ataque al corazón.

Tras transformar el recuerdo doloroso en amor y curación, Laura recuperó su espíritu llenando el agujero de su corazón con una luz rosa y una imagen de Kwan Yin, su diosa favorita de la compasión. Después afirmamos que era seguro para ella volver a querer.

Cuando Laura salió del trance, dijo:

—Estaba realmente feliz y enamorada en esa vida anterior. Cuando la perdí, me perdí a mí misma. ¡No es de extrañar que haya tenido miedo a tener una familia! Todos los hombres con los que me he citado desde el instituto eran poco serios en lo que respecta al matrimonio. Siempre pensé que tenían algún problema. Ahora veo que yo era quien tenía el bloqueo. Mi miedo atraía a parejas no disponibles. Así no corría riesgos. ¡Si no tienes amor, no lo puedes perder!

Ejercicio para sombras kármicas

Si tu relación es insatisfactoria y tiendes a hacer responsable a tu pareja, prueba a contestar las siguientes preguntas:

- ¿Te relacionas con personas no disponibles? ¿Personas que están casadas, que tienen una orientación sexual distinta, que viven lejos o con distintos objetivos en la vida?
- ¿Atraes al mismo tipo de persona, aunque sabes que no es realmente buena para ti?
- ¿Te escuchas decir: «si pudieran cambiar»?
- ¿Echas a otros la culpa de tus problemas?

Si algo de esto es cierto, detente y mira en tu interior. En lugar de culpar a otras personas por no darte lo que quieres, asume la responsabilidad de tu parte en tus relaciones.

Ahora hazte las siguientes preguntas:

- ¿Por qué estás creando esta situación con tu pareja?

- ¿Qué es lo que hace que la relación te compense? ¿Qué obtienes de ella?

Si te sientes bloqueado, prueba a consultar a tu guía interior a través de los sueños. Antes de echarte a dormir, pide a tu yo superior que te revele alguna idea sobre tu sombra kármica. Ten un cuaderno y un bolígrafo cerca de la cama. Cuando despiertes, anota tus sueños. Repite esto todas las noches, hasta que recibas una respuesta.

Meditación de momentos inmóviles

Esta meditación es otra forma de acceder a recuerdos de vidas pasadas. Puede ser muy eficaz para quienes tienen fuertes habilidades clarisintientes. Antes de comenzar, afirma mentalmente tu intención para la sesión. ¿Qué quieres conseguir?

Ve a tu espacio sagrado. Elige algo de música que te inspire a mover el cuerpo, y ponla antes de comenzar la meditación. Tal vez quieras grabar el siguiente guion y ponerlo junto con la música. Asegúrate de detenerte después de cada sugerencia. Dedica unos veinte minutos a completar toda la meditación.

Túmbate boca arriba y cierra los ojos. Respira profundamente varias veces. Siente dónde se conecta tu cuerpo con el suelo. Déjate hundirte más profundamente en el suelo. Concéntrate en la respiración. Con cada respiración te hundes más en el suelo.

Empieza a estirar el cuerpo. Muévete en distintas posiciones con las que te sientas bien. Sea lo que fuere lo que sientas, exprésalo mediante un movimiento. Si te sientes pesado, quizás quieras dar una patada en el suelo o agitar los brazos como si fuera la trompa de un elefante.

Mantén los ojos cerrados y ponte de pie. Concéntrate en tu cuerpo mientras das pasos pequeños. Prueba a girar en círculo. Crea tu propia danza. Déjate llevar. Deja expresar cada parte de tu cuerpo. Si te sientes ligero, permite que tu cuerpo juegue con el movimiento. Agita las caderas. Tal vez quieras reptar como un bebé, rodar y revolcarte, o dar saltos.

Permítete sentirte como un niño otra vez. Flexiona y endereza las rodillas alegremente. Mueve los dedos de los pies. Nada en el aire con los brazos. Arruga la cara. Deja que el movimiento te lleve.

Congela tu cuerpo en una posición determinada. ¿Qué figura forma el contorno de tu cuerpo? Si fueras una estatua, ¿qué aspecto tendrías? ¿Qué clase de gesto estás haciendo? Si fueras un actor, ¿qué clase de personaje representarías? ¿En qué tipo de escena actuarías? ¿Tu personaje es el protagonista de una tragedia o una comedia? ¿Estás implicado en una escena de acción? Fíjate en todas las emociones que afloran a la superficie. Confía en la información que recibes. Mantén la postura todo el tiempo que puedas.

Cuando estés listo, abre lentamente los ojos.

Escribe sobre tu experiencia en tu diario. Registra todas las impresiones que has recibido. Tal vez quieras utilizar bolígrafos de colores para dibujar las formas o imágenes que viste. No te desanimes si piensas que no has obtenido ninguna información de vidas pasadas. Este ejercicio te ayudará a utilizar la parte derecha de tu cerebro, que es creativa e intuitiva. Con la práctica, podrás acceder fácilmente a la sabiduría del alma.

Afirmaciones para la sombra kármica

Elige una de las siguientes afirmaciones, o invéntala tú mismo, para mejorar la sanación de tu sombra kármica:

- Estoy abierto a recibir la guía divina de mi yo superior.
- Confío en el poder divino que me ofrece apoyo.
- Recibo guía de mis sueños.

Esencias florales para la sombra kármica

Prueba una de las siguientes esencias florales para mejorar tu guía interior:

- **Rudbeckia:** fomenta la honestidad emocional con uno mismo.
- **Angélica:** mejora la receptividad a la guía espiritual de los sueños.
- **Artemisa:** amplía la conciencia mientras estamos soñando.
- **Oreja de gato:** mejora la conciencia de los símbolos de los sueños.
- **Diente de león:** libera la tensión almacenada en el cuerpo.
- **Dragón:** contacta con emociones profundas.

Inversiones kármicas

A lo largo de los años he encontrado otro patrón interesante que muchas personas experimentan mientras hacen una regresión a vidas pasadas. Es una especie de inversión de papeles. Tal vez hayas estado implicado en una relación con alguien de una vida anterior y después descubras que los papeles en esta vida se invierten. Si eras mujer en una vida pasada, tal vez seas hombre en ésta, o al contrario. O puede que tengas el mismo sexo ahora.

Vuestras circunstancias también pueden estar invertidas en esta vida. Normalmente los dos os esforzáis por sanar una vida anterior donde hubo un poder desigual en la relación. A consecuencia de ello, una persona sufrió. Ponerte en el lugar de la otra persona te ayuda a equilibrar la balanza. A estas relaciones de cambio de roles las llamo «inversiones kármicas».

Kelly estaba divorciada y era abuela. Empezó a explorar vidas pasadas para obtener más ideas sobre su relación a distancia con su amante, Steve. Su atracción era tan apasionada que se sentían como adicto; su fervor era difícil de explicar.

La primera vez que se vieron, hace ocho años, sintieron como si ya se conocieran. Después de dos meses de idilio apasionado, él se fue a su casa en su granja de Delaware, mientras que ella se quedó en su piso de Nueva York. Steve la llamaba prácticamente todos los días durante un mes, y después desapareció de su vida.

Steve no tenía teléfono móvil ni correo electrónico, por lo que Kelly no pudo localizarle. Llamó al teléfono de su casa una y otra vez, a todas las horas del día y la noche, pero nunca hubo respuesta.

Cuando Kelly había olvidado la idea de volver a verle de nuevo, él apareció en la puerta de su casa sin avisar, seis meses después. Cuando llegó, era como si nunca hubiesen estado separados. Pasaron un par de días de ensueño, y después él se marchó sin hacer planes para volver a estar juntos. Así pasaron los años. Cuando él salía por la puerta de casa, Kelly nunca sabía si volvería a verle otra vez.

Ella le pidió que se comprometiera, pero Steve se mostró evasivo.

—No soy de los hombres que se casan. Adoro mi libertad –dijo.

Las idas y venidas impredecibles de Steve la estaban volviendo loca. Kelly se sintió desesperada, porque la relación estaba fuera de su control. Cuando me llamó para concertar una cita, le sugerí que una regresión podría ayudarla a aclarar sus sentimientos.

En mi consulta, mientras Kelly se relajaba entrando en su vida anterior, vio que era un hombre joven con una barba entrecana, vestido con un traje formal. Sabía que su nombre era Thomas Handley y que vivía en Inglaterra.

—Estoy de pie ante un altar con una bonita joven que lleva un vestido de boda. Tiene el pelo rojo y ondulado y facciones delicadas –dijo.

Cuando Kelly reconoció en la novia a su amante, Steve, se puso muy contenta. Con una gran sonrisa, dijo:

—Es extraño. Yo soy un hombre y él es una mujer.

Pedí a Kelly que se dirigiera a la raíz de su problema con Steve.

—Mi mujer y yo estamos discutiendo en un muelle. Ella está molesta porque voy a trabajar en un proyecto en otra ciudad. Ella odia la vida en América, porque se encuentra separada de su familia y amigos. Está gritando: «¡Te odio! ¡Te odio!». Éste es el problema recurrente de mi matrimonio. Siempre la dejo durante varios meses seguidos, y se siente enfadada y sola. No puedo entender los sentimientos de mi esposa. Trabajo duro para mantenerla.

Pregunté a Kelly cómo se resolvió el problema.

—Mi mujer muere dando a luz –dijo.

Cayeron lágrimas por el rostro de Kelly mientras liberaba el recuerdo doloroso. Cuando pidió guía a su yo superior, su voz interior dijo: «Debes aprender a amar incondicionalmente a Steve, sin querer nada a cambio. Da a Steve la libertad que tuvo Tom Handley».

Kelly eliminó su tristeza y su frustración imaginando que dejaba escapar a un pájaro blanco de una jaula dorada.

Cuando Kelly volvió a la conciencia habitual, dijo:

—Era muy extraño ver cómo estaban invertidos nuestros sexos. Pero tiene mucho sentido. Ahora sé por qué siempre sentí que ya le conocía. Siento haberle hecho daño. Trabajaba todo el tiempo y la dejaba sola. Sólo la veía cuando encajaba con mi agenda.

Dos días después, Kelly me llamó por teléfono.

—Nunca creerás quién apareció ayer –me dijo.

—¿Steve? –pregunté.

—No le he visto durante cuatro meses. Por primera vez no me siento ansiosa porque se marcha. Lo hemos pasado bien y hemos hablado sobre nuestros sentimientos. Por fin lo he entendido. Él no va a cambiar. Tengo la opción de aceptarle tal como es, disfrutar cuando está aquí y no esperar nada de él que no puede darme. No puede comprometerse a compartir una rutina diaria, por lo que, de todas formas no sería un buen esposo.

»Mi problema era que siento dolor cada vez que se marcha. Sentía su marcha como un rechazo, cosa que no era así. Steve me ama. Me dijo que soy la persona más importante de su vida. No importa lo que ocurra, siempre le querré. Pero debo dejarme llevar.

Ejercicio para problemas con inversiones kármicas

Para descubrir si tienes problemas relacionados con inversiones kármicas, hazte las preguntas siguientes:

- ¿Te encuentras en una relación desigual?
- ¿Sientes que siempre das, pero que no recibes nada a cambio?
- ¿Es el compromiso un problema para ti o para tu pareja?
- ¿Estás cediendo poder a otra persona?
- ¿Das a tu pareja la libertad que necesita?
- ¿Cómo refleja tu relación tu autoestima?
- ¿Eres incapaz de comprometerte?

Visualización de tarot para inversiones kármicas

Para esta visualización tendrás que utilizar la baraja de cartas del tarot Los Arcanos, que ya empleaste en el capítulo I. Fija tu objetivo para esta meditación. ¿Qué quieres saber?

Revisa la baraja y encuentra la carta de los Amantes, el número seis. Siéntate erguido en una silla, con la columna recta, y coloca la carta en una mesa delante de ti. Concéntrate en la carta. Capta toda la imagen: los colores, la figura, el ángel y la montaña del fondo. Cierra los ojos e intenta recordar la carta con el ojo de tu mente. Practica esto hasta que puedas recordar la carta detalladamente si eres clarividente, o tal vez sólo hayas tenido una sensación de la carta si eres clarisintiente.

Con los ojos cerrados, imagina que la carta crece cada vez más, hasta que las figuras que hay en ella se vuelven de tamaño real. Entra en la carta. Mira a tu alrededor. ¿Qué hora del día es? ¿Cómo es el tiempo? ¿Cómo se siente el aire contra tu piel? ¿Escuchas algún sonido? ¿Notas algún olor?

Ahora aproxímate a la figura femenina. Tiene un importante mensaje que darte, relacionado con el rol femenino de tu relación. Recibe el mensaje ahora. Déjalo fluir en tu mente.

Aproxímate a la figura masculina. Tiene un importante mensaje que darte, relacionado con el papel masculino de tu relación. Recibe el mensaje ahora. Deja que fluya en tu mente.

Ahora acércate al ángel. Siente que irradia amor incondicional hacia ti. Tienes una sensación de admiración en presencia de ese ser. El ángel tiene un regalo para ti, algo que puedes integrar en tu vida. Esto curará tu relación. Acepta el regalo y estúdialo con cuidado. ¿Qué es? Pregunta cómo puedes utilizarlo. La respuesta fluye en tu mente. Da las gracias al ángel y a los amantes. Mira a tu alrededor por última vez y sal de la carta. Cuando estés fuera, la carta se encoge a su tamaño normal. Una vez estés listo, abre lentamente los ojos.

Escribe las respuestas a las siguientes preguntas en tu diario:

- ¿Qué hora del día era?
- ¿Cómo era el tiempo?
- ¿Escuchaste algún sonido?
- ¿Notaste algún olor?
- ¿Qué mensaje tenía para ti la figura femenina?
- ¿Qué mensaje tenía para ti la figura masculina?
- ¿Cuál fue el regalo que te dio el ángel?
- ¿Cómo vas a utilizarlo?
- ¿Notaste o experimentaste algo más?

Afirmaciones para inversiones kármicas

Elige una de las siguientes afirmaciones, o inventa la tuya propia, para mejorar tu sanación:

- Dejo de malinterpretar a mi pareja.
- Soy igual que mi pareja, y ella es igual que yo.
- Soy honesto conmigo mismo y con los demás.
- Dejo a los demás que tengan fuerza.
- Estoy contento conmigo mismo, tenga pareja o no.
- Yo gano, todo el mundo gana.

Esencias florales para inversiones kármicas

Prueba una de las siguientes esencias florales para ayudarte a curar tus problemas de inversiones kármicas:

- **Cimícifuga racemosa:** cura las luchas de poder en las relaciones.
- **Vid:** elimina la necesidad de dominar a otra persona.
- **Calochortus:** elimina la necesidad de ceder tu poder a otra persona.
- **Centaura menor:** ayuda a oponerse a las relaciones abusivas.
- **Achicoria:** elimina la necesidad de manipular a otras personas.

Conclusión

¡Enhorabuena! Quiero felicitarte por la extraordinaria persona que eres y por embarcarte en un viaje de autodescubrimiento. Se necesita valor para profundizar en lo desconocido. Hay que estar deseoso de afrontar los miedos, acabar con los errores, reclamar la responsabilidad última por la vida y las acciones, y dejar de culpar a otras personas. La sanación kármica es una de las cosas más difíciles, y sin embargo una de las tareas más reconfortantes e importantes que puedes hacer. Cuando entendemos quién y qué somos, podemos responder a los eventos vitales con verdadera conciencia. Dejamos de tomarnos las cosas personalmente y de reaccionar a la inseguridad, al miedo y a la ira, y respondemos a los acontecimientos y a los otros con una actitud comprensiva. Estamos en paz, por dentro y por fuera.

Para terminar, ve a tu espacio sagrado de forma que puedas aceptar y reconocer tus logros. Genera una atmósfera propicia para entrar en tu interior, ponerte en contacto contigo mismo y obtener respuestas verdaderas encendiendo una vela o quemando algo de incienso. Concéntrate y haz varias respiraciones profundas. Responde a las siguientes preguntas.

- ¿Qué objetivos has conseguido?
- ¿Qué relaciones han sanado?
- ¿Qué aspectos de tu vida han sanado?
- ¿Cómo ha mejorado tu vida familiar?
- ¿Cómo ha mejorado tu salud?
- ¿Ha mejorado tu vida profesional?
- ¿Estás más relajado?
- ¿Te resulta más fácil concentrarte?
- ¿Sientes más paz?
- ¿Qué áreas necesitan más trabajo?

- ¿Qué nuevos proyectos estás emprendiendo?
- ¿Qué viene a continuación?

Dondequiera que te encuentres en tu viaje de sanación, es perfecto. Algunos tal vez necesiten más tiempo para finalizar su curación kármica. Hay quien tiene que dar marcha atrás y practicar algunos de los ejercicios y meditaciones de sanación. A veces reaparece un antiguo problema, y ahora puedes verlo desde una nueva perspectiva. Sé paciente contigo mismo.

Si sigues practicando los principios de la sanación kármica, tu poder personal aumentará y podrás tomar mejores decisiones. Cuando limpies las interferencias de tu mente acelerada, estarás más en contacto con lo que tu alma realmente ansía experimentar: que todos somos uno. Todos queremos participar en la creación de un mundo donde todos vivamos juntos en armonía con la naturaleza y los unos con los otros.

El crecimiento es un proceso cíclico. Si observas la naturaleza, verás que la vida se mueve en forma de ciclos y estaciones. Cada día, el sol sale por la mañana y se pone por la tarde. Cada mes, la luna crece y se llena en el cielo y después mengua y desaparece en la oscuridad. La primavera deja paso al verano, el verano al otoño, después al invierno y de nuevo a la primavera. El universo está constantemente en un estado de vida, muerte y renovación, igual que nosotros siempre nos estamos transformando.

Cuando ya no permanecemos atados a guiones kármicos del pasado, nos sentimos libres para crear el futuro de nuestros sueños. Así que te invito a reinventar tu vida, como un artista que se encuentra frente a un lienzo en blanco. Ahora tienes una paleta con todos los colores de la sanación kármica. ¿Qué tipo de futuro quieres pintar para ti mismo? ¿Qué te inspira? ¿En qué te quieres convertir? ¿Cómo puedes transformar el mundo en un lugar mejor?

Me gustaría saber de todos tus milagros y grandes avances, así que no dudes en compartirlos conmigo en mi página web:

www.djunaverse.com

Diccionario kármico

Alarma kármica: Intuición que nos alerta de peligros.

Aura: Energía electromagnética que rodea nuestro cuerpo físico y que nos conecta energéticamente con dimensiones más allá de la dimensión física.

Banderas rojas kármicas: Relaciones en que existen condiciones peligrosas; hay que tener precaución en estas relaciones porque son verdaderamente engañosas.

Bloqueo: Pensamientos y emociones no expresadas, relacionados con problemas no resueltos que quedan retenidos en las células de nuestro cuerpo y que se perciben como tensión o dolor.

Bloqueo kármico: Problema no resuelto del alma que genera un bloqueo en el aura, que puede manifestarse como problema de salud, miedo o limitación.

Catalizador kármico: Relaciones que presentan lecciones dolorosas que nos obligan a crecer. Es como estar en un campamento kármico: nos entrenan para volvernos más fuertes.

Choques kármicos: Interacciones con personas que tienen creencias muy distintas de las nuestras y que amplían nuestra visión del mundo.

Conexión kármica: Revelación de la causa original de un problema.

Sanación kármica: Cuando se libera un bloqueo kármico, nos vemos libres del remanente kármico que controlaba nuestra conducta subconsciente. Después somos libres para tomar mejores decisiones en nuestra vida.

Desencadenantes kármicos: Emociones y respuestas irracionales que parecen surgir fuera de contexto, impredeciblemente. Son la forma en que tu alma te obliga a prestar atención.

Desorden kármico: Cualquier cosa que hayamos dejado atrás, pero que sigue aferrándose y que actúa como bloqueo para nuestro crecimiento.

Detectores kármicos: Pistas que te ayudan a fijarte o descubrir problemas kármicos.

Directores kármicos: Relaciones especialmente cercanas que nos ayudan en una crisis y/o reafirman nuestros atributos positivos.

Disfraces kármicos: Relaciones o circunstancias que presentan lecciones dolorosas. En este momento es muy difícil ver nada positivo obtenido de nuestro desarrollo; el potencial de crecimiento permanece oculto.

Encrucijada kármica: Cuando eres consciente de que tienes un problema; tienes libertad para afrontarlo y resolverlo, o para ignorarlo y que permanezca atrapado.

Entrevida: Dimensión no física que se encuentra entre reencarnaciones, donde tenemos acceso a la sabiduría de nuestra alma.

Equilibradores de la balanza: Acciones extremas de otras vidas que a veces dan como resultado una sobrecompensación en esta vida.

Equipaje corporal: Síntomas físicos que permanecen en la memoria celular de tu cuerpo, procedentes de vidas pasadas, que influyen en tu salud actual.

Feng shui: Antigua práctica curativa china que consiste en alinear la energía vital de nuestra casa con el flujo energético de la Tierra.

Filtros del destino: Decisiones tomadas en vidas pasadas que limitan tus creencias actuales y acciones subsecuentes.

Interludio kármico: El tiempo entre vidas en que planificamos las lecciones de nuestras vidas y los contratos del alma con los miembros de nuestra familia y otras relaciones.

Inversiones kármicas: Relaciones en las que se invierten los roles. Los dos se esfuerzan para sanar una vida anterior en cuya relación había un poder desigual. A consecuencia de esto, una persona ha sufrido. Ponerse en el lugar de la otra persona ayuda a equilibrar la balanza.

Ley del karma: Cosechamos lo que sembramos.

Meditación: Vaciar la mente de pensamientos para entrar en estado de trance.

Ohm: Sílaba sagrada, cantada en plegarias hinduistas y budistas para aportar paz, concentración y conexión a todo lo que hay.

Patrón kármico: Conducta destructiva que se repite durante muchas reencarnaciones.

Patrón negativo: Repetir una conducta destructiva, sin darnos cuenta de que estamos atrapados en un ciclo negativo.

Patrón positivo: Repetir buenos actos y hábitos saludables sin tener conciencia de actuar en el espíritu de la buena voluntad.

Piloto automático: Sistema de respuesta automática que está integrada en tu subconsciente a partir de tus hábitos de conductas repetitivas.

Reiki: Técnica curativa de imposición de manos que canaliza la energía curativa a quien la recibe.

Reloj kármico: Nuestro mecanismo temporal integrado que determina cuándo nos las veremos con un problema kármico.

Remanentes kármicos: Cuentas no saldadas en vidas anteriores, caracterizadas por odio, ira y/o deseo de venganza.

Repeticiones kármicas: Situaciones que también hemos experimentado en una vida anterior. Los nombres de las personas pueden haber cambiado, pero es la misma configuración. No aprendimos en la primera ocasión, así que hay otra oportunidad.

Recuerdos culposos: Restos emocionales procedentes de vidas pasadas que funcionan como falsas capas protectoras, cubriendo sentimientos verdaderos y enmascarando decisiones potencialmente positivas.

Sombras kármicas: Relaciones que nos ayudan a tomar contacto con una parte de nosotros mismos que se ha mantenido en la oscuridad. Ya se trate de una persona o de una situación, nos ayudan a ver los ámbitos donde no estamos actuando de forma responsable.

Terapia de regresión a vidas pasadas: Uso de la hipnosis para descubrir las causas originales, en vidas pasadas –reales o simbólicas–, de algún problema actual.

Valores kármicos: Valores que tenemos cuando no sabemos lo que es realmente importante; hemos dejado atrás determinados valores que hemos heredado de la niñez, pero aún no hemos descubierto lo que queremos realmente.

Velos kármicos: Relaciones o situaciones que ofrecen lecciones dolorosas sin que resulte fácil ver su aspecto positivo; se encuentran ocultas sus posibilidades para el crecimiento.

Venganza kármica: Transferir un problema a un poder superior y que la ley del karma equilibre la balanza, en lugar de intentar resolverlo.

Visualización: Imaginar un resultado deseado con el ojo de la mente.

Yo superior: Conciencia del alma, eterna y divina, y que conoce nuestro verdadero propósito.

Lecturas y recursos recomendados

Ananda Apothecary: www.anandaapothecary.com

Asociación Internacional de Productores de Esencias Florales: http://floweressenceproducers.org

Bear, J.: *Practical Uses and Applications of the Bach Flower Emotional Remedies* [«Usos prácticos y aplicaciones de los remedios emocionales de las Flores de Bach»], Balancing Essentials Press, Las Vegas, Nevada, 1993.

Centro Internacional de Esencias Florales: www.floweressences.com

Cunningham, D. y Ramer, A.: *The Spiritual Dimensions of Healing Addictions* [«Las dimensiones espirituales de las adicciones curativas»], Cassandra Press, San Rafael, California, 1988.

Desert Alchemy Flower Essences: www. desertalchemy.com

Kaminski, P. y Katz, R.: *Flower Essence Repertory: A Comprehensive Guide to North American and English Flower Essences for Emotional and Spiritual Well-Being* [«Repertorio de esencias florales: Un manual exhaustivo de las esencias florales norteamericanas e inglesas para el bienestar emocional y espiritual»]. Earth-Spirit, Inc., Box 459, Nevada City, California, 95959, 800-548-0075.

Las esencias florales de Bach: www.bachflower.com

Scheffer, M.: *Bach Flower Therapy: Theory and Practice* [«Terapia con Flores de Bach: Teoría y práctica»]. Healing Arts Press, Rochester, Vermont, 1988.

Índice